GOLDMANN GELBE TASCHENBÜCHER
Band 2816

Georg Christoph Lichtenberg
Aphorismen und Aufsätze

Zu diesem Buch

Mit dem Namen Georg Christoph Lichtenberg verbindet sich bis heute die Vorstellung von dem geistvollsten und brillantesten Aphoristen der deutschen Literatur. Die »Pfennigswahrheiten«, die er seinen Schmierheften (den sog. »Sudelbüchern«) anvertraute, sind jedoch in der Regel weit mehr als nur witzige Bonmots. Denn die literarische Form des Aphorismus, das wahllose Notieren von Einfällen, diente dem Göttinger Gelehrten vor allem dazu, seine eigene Person ebenso wie die Erscheinungen seiner Zeit buchstäblich unter die Lupe zu nehmen und mit schonungsloser Wahrheitsliebe ihre Schwächen aufzudecken.
Für Lichtenberg, einen der bedeutendsten Denker der deutschen Aufklärung, stand der Mensch und seine Erziehung zum geistig autonomen Individuum im Mittelpunkt, was seinen Aphorismen bis heute ihre Aktualität erhalten hat. Aber er verfiel niemals in den Fehler, die Vernunft zu verabsolutieren. Noch vor den Romantikern erkannte Lichtenberg die Bedeutung des Unterbewußtseins, vor allem der Träume, für die geistige Entwicklung des Menschen. Im Gegensatz zur Romantik vermochte er diese Kräfte jedoch noch nicht poetisch zu objektivieren, sondern er beurteilte sie lediglich mit dem Maßstab seiner Individualität. Andererseits erkannte er wiederum klarer die Gefahren, die aus einer totalen Hingabe an den Irrationalismus erwachsen können. Aus diesem Grunde polemisierte er in scharfer satirischer Form gegen die Geniebewegung des Sturm und Drang, wobei er auch den jungen Goethe nicht ausnahm. Seine Ironie verschonte auch nicht das schwülstige Pathos der Empfindsamkeit, insbesondere bei Johann Kaspar Lavater. Hiervon legen vor allem Lichtenbergs Aufsätze ein beredtes Zeugnis ab.

»Lichtenbergs Schriften können wir uns als der wunderbarsten Wünschelrute bedienen; wo er einen Spaß macht, da liegt ein Problem verborgen.«

Johann Wolfgang von Goethe

GEORG CHRISTOPH LICHTENBERG

Aphorismen und Aufsätze

Eine Auswahl

Herausgegeben von Gisela Bruchner

WILHELM GOLDMANN VERLAG
MÜNCHEN

Die Texte folgen der zweibändigen Ausgabe der Gesammelten Werke von Wilhelm Grenzmann, Frankfurt am Main 1949. Ergänzungen, die sich durch den Sinn ergaben, sind von Grenzmann durch eckige Klammern gekennzeichnet.

70212 · Made in Germany · Umschlagentwurf: Ilsegard Reiner. Foto: Staatsbibliothek Berlin, Bildarchiv (Handke und Feldhaus). Gesetzt aus der Linotype-Garamond-Antiqua. Druck: Presse-Druck, Augsburg. Verlagsnummer 2816 · Br/Kö

ISBN 3-442-02816-7

INHALT

»Von dem, was in diesen ›Sudelbüchern‹, wie er das genannt hat, an Witz heute verschüttet liegt, leben andere Leute ihr ganzes Leben.« (1931)

Kurt Tucholsky über Lichtenberg

Aphorismen

»Pfennigswahrheiten«

Schmierbuch-Methode bestens zu empfehlen. Keine Wendung, keinen Ausdruck unaufgeschrieben zu lassen. Reichtum erwirbt man sich auch durch Ersparung der Pfennigs-Wahrheiten.

Ich habe eine Menge kleiner Gedanken und Entwürfe zusammengeschrieben, sie erwarten aber nicht sowohl noch die letzte Hand als vielmehr noch einige Sonnenblicke, die sie zum Aufgehen bringen.

Er hielt sich ein Zettelchen, auf welches er gewöhnlich schrieb, was er für eine besondere, ihm von Gott erwiesene Gnade ansah, und was sich gar nicht anders erklären ließ. Bei seinem inbrünstigsten Gebet sagte er zuweilen: *O lieber Gott, etwas aufs Zettelchen.* Solche Ausdrücke, Ausbrüche der empfindlichsten Seelen, sind gleichsam Vertrauensgeheimnisse zwischen Gott und der Seele.

Die Kaufleute haben ihr waste book (Sudelbuch, Klitterbuch, glaube ich, im Deutschen), darin tragen sie von Tag zu Tag alles ein, was sie verkaufen und kaufen, alles durcheinander ohne Ordnung, aus diesem wird es in das Journal getragen, wo alles mehr systematisch steht, und endlich kommt es in den Leidger at double entrance nach der italienischen Art, Buch zu halten. In diesem wird mit jedem Mann abgerechnet, und zwar erst als Debitor und dann als Creditor gegenüber. Dieses verdient, von den Gelehrten nachgeahmt zu werden. Erst ein Buch, worin ich alles einschreibe, so wie ich es sehe, oder wie es mir meine Gedanken eingeben, alsdann kann dieses wieder in ein anderes getragen werden, wo die Materien mehr abgesondert und geordnet sind, und der Leidger könnte dann die Verbindung und die daraus fließende Erläuterung der Sache in einem ordentlichen Ausdruck enthalten.

Durch das planlose Umherstreifen, durch die planlosen Streifzüge der Phantasie wird nicht selten das Bild aufgejagt, das die planvolle Philosophie in ihrer wohlgeordneten Haushaltung gebrauchen kann.

Man soll öfters dasjenige untersuchen, was von den Menschen meist vergessen wird, wo sie nicht hinsehen, und was so sehr als bekannt angenommen wird, daß es keiner Untersuchung mehr wert geachtet wird.

Scharfsinn ist ein Vergrößerungsglas, Witz ein Verkleinerungsglas. Das letztere leitet doch auf das Allgemeine.

»Eine ganze Milchstraße von Einfällen«

Eine ganze Milchstraße von Einfällen.

Wenn uns ein Engel einmal aus seiner Philosophie erzählte, ich glaube, es müßten wohl manche Sätze so klingen als wie zwei mal zwei ist dreizehn.

Jeder Mensch hat auch seine moralische ›backside‹, die er nicht ohne Not zeigt, und die er so lange als möglich mit den Hosen des guten Anstandes zudeckt.

Daß der Mensch das edelste Geschöpf sei, läßt sich auch schon daraus abnehmen, daß es ihm noch kein anderes Geschöpf widersprochen hat.

Es gibt Leute, die glauben, alles wäre vernünftig, was man mit einem ernsthaften Gesicht tut.

Nichts kann mehr zu einer Seelenruhe beitragen, als wenn man gar keine Meinung hat. Solche Leute sollten in wohleingerichteten Staaten eine Null auf den Knöpfen tragen.

In einem Städtchen, wo sich immer ein Gesicht aufs andere reimt.

Es ist der Ordnung der Natur sehr gemäß, daß zahnlose Tiere Hörner haben. Was Wunder, wenn es alten Männern und Weibern öfters so geht?

So sagt man, jemand bekleide ein Amt, wenn er von dem Amt bekleidet wird.

Jedes Männchen von Gedanken fand sein Weibchen. Oder die Ideen in seinem Kopf müssen entweder lauter Männchen oder lauter Weibchen gewesen sein. Denn es hat sich nie ein neuer erzeugt. Kalender 1795.

Er las immer Agamemnon statt »angenommen«, so sehr hatte er den Homer gelesen.

Spottet nicht über die Originalköpfe, ihr meint gewiß, es wären ihrer etwa nur drei.

Er las so sehr gerne, wie er sagte, Abhandlungen vom Genie, weil er sich immer stark danach fühlte.

Bei manchem Werk eines berühmten Mannes möchte ich lieber lesen, was er weggestrichen hat, als was er hat stehen lassen.

Der oft unüberlegten Hochachtung gegen alte Gesetze, alte Gebräuche und alte Religion hat man alles Übel in der Welt zu danken.

Es hatte die Würkung, die gemeiniglich gute Bücher haben. Es machte die Einfältigen einfältiger, die Klugen klüger und die übrigen Tausende blieben ungeändert.

Ein Buch ist ein Spiegel: wenn ein Affe hineinguckt, so kann freilich kein Apostel heraus sehen. Wir haben keine Worte, mit dem Dummen von Weisheit zu sprechen. Der ist schon weise, der den Weisen versteht.

Ist es nicht sonderbar, daß man das Publikum, das uns lobt, immer für einen kompetenten Richter hält; aber sobald es uns tadelt, es für unfähig erklärt, über Werke des Geistes zu urteilen?

Wir, der Schwanz der Welt, wissen nicht, was der Kopf vorhat.

Daß in den Kirchen gepredigt wird, macht deswegen die Blitzableiter auf ihnen nicht unnötig.

Die Fliege, die nicht geklappt sein will, setzt sich am sichersten auf die Klappe selbst.

Wie geht es, fragte ein Blinder einen Lahmen. Wie Sie sehen, war die Antwort.

So närrisch, als es dem Krebse vorkommen muß, wenn er den Menschen vorwärts gehen sieht.

Gäbe es nur lauter Rüben und Kartuffeln in der Welt, so würde einer vielleicht einmal sagen: es ist schade, daß die Pflanzen verkehrt stehen.

Fast alle Tiere gehen im Zirkel herum, wenn man ihnen vor den Kopf schlägt.

Lob des Weines

Von dem Trinker, der das Austrinken einer ihm zugeschickten Champagner-Bouteille nach einem großen Schmaus mit Newtons Auflösung eines Problems nach einer Erwartung verglich.

Trinken πίνειν heiße ich hier überhaupt: mit offenen Sinnen und zur guten Stunde einen Zug tun, der mit einer solchen Zauberkraft auf unser Innerstes auffällt und alle Seelenkräfte zu einem Freudenfeste versammelt, bei dem die strengste Vernunft Feierabend macht; es geschehe nun dieser Zug aus der Bouteille (welches die eigentliche Bedeutung des Wortes ist) oder beim Mondenlicht aus einer mit Blütengerüchen geschwängerten Luft, ganz allein, wie Agathon, ehe ihn Danaë in Dienste nahm, oder in Gesellschaft, wie er bald hernach Gelegenheit hatte. Daher nenne ich Rausch den Zustand sanfter Empfindlichkeit, in welchem jedem äußern Eindruck neue unaussprechliche Gedanken korrespondieren, oder jeden Zustand wollüstiger Ruhe, der nicht sowohl die Würkung einer verdauten Philosophie als vielmehr eines glücklichen ungefähren Zugs ist.
Tausend Menschen sterben jährlich bloß, weil sie nicht dursten konnten, ohne doch jemals nur einen Tropfen auf

diese Art getrunken zu haben, so wie es ehrliche Väter von 10 Kindern gibt, die nie die Liebe geschmeckt haben.

Wenn man manchen großen Taten und Gedanken bis zu ihrer Quelle nachspüren könnte, so würde man finden, daß sie öfters gar nicht in der Welt sein würden, wenn die Bouteille verkorkt geblieben wäre, aus der sie geholt wurden. Man glaubt nicht, wie viel aus jener Öffnung hervorkommt. Manche Köpfe tragen keine Früchte, wenn sie nicht wie Hyazinthenzwiebeln über Bouteillenhälsen stehen. Der Feige holt da seinen Mut, der Schüchterne Vertrauen auf eigne Kraft und der Elende Trost hervor.

Es schadet bei manchen Untersuchungen nicht, sie erst bei einem Räuschchen durchzudenken und dabei aufzuschreiben; hernach aber alles bei kaltem Blute und ruhiger Überlegung zu vollenden. Eine kleine Erhebung durch Wein ist den Sprüngen der Erfindung und dem Ausdruck günstig; der Ordnung und Planmäßigkeit aber bloß die ruhige Vernunft.

Unsere Kunstkammern sind alle voll von elfenbeinernen Bechern, ein Beweis von der Favoritneigung unserer lieben Voreltern; ein Stück Elfenbein, woraus der Grieche einen Apoll geschnitzt hätte, schnitten sie zum Becher hohl.

Die Töchter Evas

Diese Frau war mit einer Zunge schon eine ›Fama‹. Was würde sie erst getan haben, wenn sie tausendzüngig gewesen wäre.

Ihr Unterrock war rot und blau, sehr breit gestreift und sah aus, als wenn er aus einem Theatervorhang gemacht wäre.

Ich hätte für den ersten Platz viel gegeben, aber es wurde nicht gespielt.

Die Bauernmädchen gehen barfuß und die Vornehmen barbrust.

Er stieg langsam und stolz wie ein Hexameter voran, und seine Frau trippelte wie ein Pentameterchen hinten drein.

Die kleinen Mädchen haben ein Spiel, da sie sich schnell umdrehen und ihre Röckchen fliegen machen, alsdann schnell niederkauern, und mit allen diesen Umständen ein biß(chen) Luft unter dem Röckchen fangen, das sich sehr bald verliert. Sich brüsten, um nichts zu fangen, ist oft ihr Geschäft auch in reiferen Jahren, und gerade mit demselben Fang-Apparat. (besser)

Selbst die sanftesten, bescheidensten und besten Mädchen sind immer sanfter, bescheidener und besser, wenn sie sich vor dem Spiegel schöner gefunden haben.

Die Natur hat die Frauenzimmer so geschaffen, daß (sie) nicht nach Prinzipien, sondern nach Empfindung handeln sollen.

Die Augen eines Frauenzimmers sind bei mir ein so wesentliches Stück, ich sehe oft darnach, denke mir so vielerlei dabei, daß, wenn ich nur ein bloßer Kopf wäre, die Mädchen meinetwegen nichts als Auge sein könnten.

Das alte Weib könnte eine vortreffliche politische Monatsschrift werden.

Wenn man manche Histörchen genau untersucht, so wird man immer finden, daß etwas Wahres darunter steckt und zuweilen etwas ganz anderes, als man gemeiniglich sich vorstellt. So sind z. E. die Hexen, die man ehemals so sehr mit Feuer und Wasser verfolgte, gar die Geschöpfe nicht gewesen, die man sich gemeiniglich vorstellt – auch hat man das Verbrennen derselben ein wenig zu früh eingestellt. Ich habe an die 150 loca gesammelt, woraus ich beweisen kann, daß die Hexen der vorigen Welt eigentlich die sogenannten Kaffeeschwestern der jetzigen sind. Unter dem Namen Kaffeeschwester verstehe ich alle alten Frauenspersonen, die in ihrer Jugend so viel gelernt haben, daß sie die Bibel bis auf einige nomina propria im Alten Testament ziemlich fertig weglesen und alle Zahlen aussprechen können, wenn sie mit Worten geschrieben sind, und die, nächst den Biblischen Geschichten, hauptsächlich sich auf die Privatgeschichte aller Familien in ihrem Städtchen gelegt haben und über Schwangerschaften, Eheverlöbnisse, Hochzeittage und Kopfzeuge Register halten, die in jeder Krankheit eines jungen Mädchens den Bastard reifen sehen und den Mann und den Ball erraten, der die Ursache und die Gelegenheit dazu war, die hypothetische Ehen zwischen ledigen Personen und nicht selten reelle Ehescheidungen mit ihrem Geschwätz stiften, kurz alle unverständige plappernde, besuchen gehende alte Weiber, so sehr die Pest und das Verderben der guten Gesellschaft, als hingegen die reinliche verständige Matrone und ehrwürdige Mutter die Zierde derselben ist. ›Die Hexen schwammen auf dem Wasser‹ ist ein bloß figürlicher Ausdruck und soll nur so viel heißen, daß eigentlich Tee und Kaffee ihr Element sei, und ich glaube im Ernst, daß unsere neuern Hexen im Kaffee nicht ersäuft werden können, denn ich habe selbst eine einmal 14 Tassen trinken sehen, da die frischsten Westfälischen Viehmägde an vieren sterben. Daß sie am ersten Mai auf einem Besen reiten, hat mir von Anfang am meisten zu schaffen gemacht, denn ich habe zwar öfters in meinem Leben Birkenbesen und Kaffeeschwestern beisammen gesehen, allein allemal ritt das Birkenholz auf der Kaffeeschwester. Ferner, da im mittlern Latein ein Busch oder Besen ›boessonus‹ heißt, so hätte es leicht sein können, daß jemand den *Bösen,* als welches den Teufel bedeutet, mit dem allerdings die Hexen so wohl als Kaffeeschwestern viel zu tun haben, mit dem *Besen* verwechselt. Aber so wahrscheinlich auch dieses manchem scheinen möchte, so wird doch der Denker auch hier die Schwierigkeit finden, die wir oben beim Birkenholz antrafen. Denn nach dieser Erklärung hätten die Hexen zwar den Teufel geritten, aber sie könnten alsdann unsere Kaffeeschwestern nicht sein, denn die *reitet* umgekehrt *der Teufel.* Sonst heißt ja bekanntlich die großbärtige Schwalbe, die Ziegenmelkerin, wegen ihrer Neigung zum Trinken (›Hirundo Caprimulga‹), in manchen Ländern *Hexe.* Was war also natürlicher, als daß man die Melkerinnen der Kaffeekannen ebenso nannte?

Eine von den Hauptkonvenienzen der Ehe ist die, einen Besuch, den man nicht ausstehen kann, zu seiner Frau zu weisen.

Was die wahre Freundschaft und noch mehr das glückliche Band der Ehe so entzückend macht, ist die Erweiterung seines *Ichs,* und zwar über ein Feld hinaus, das sich im einzelnen Menschen durch keine Kunst in der Welt schaffen läßt. Zwei Seelen, die sich vereinigen, vereinigen sich dennoch nie ganz so, daß nicht immer noch der beiden so vorteilhafte Unterschied bliebe, der die *Mitteilung* so angenehm macht. Wer sich sein eigenes Leiden klagt, klagt es sicherlich vergeblich, wer es der Frau klagt, (klagt) es einem Selbst, das helfen kann und schon durch die Teilnahme hilft. Ebenso wer gern sein Verdienst gerühmt hört, findet ebenfalls in ihr ein

Publikum, gegen welches er sich rühmen kann, ohne Gefahr sich lächerlich zu machen.

Selbstkritik

Charakter einer mir bekannten Person

Ihr Körper ist so beschaffen, daß ihn auch ein schlechter Zeichner im Dunkeln besser zeichnen würde, und stände es in ihrem Vermögen, ihn zu ändern, so würde sie manchen Teilen weniger Relief geben. Mit seiner Gesundheit ist dieser Mensch, ohnerachtet sie nicht die beste ist, doch noch immer so ziemlich zufrieden gewesen, er hat die Gabe, sich gesunde Tage zu nutze zu machen, in einem hohen Grade. Seine Einbildungskraft, seine treuste Gefährtin, verläßt ihn alsdann nie, er steht hinter dem Fenster, den Kopf zwischen die zwei Hände gestützt, und wenn der Vorbeigehende nichts als den melancholischen Kopfhänger sieht, so tut er sich oft das stille Bekenntnis, daß er im Vergnügen wieder ausgeschweift hat. Er hat nur wenige Freunde, eigentlich ist sein Herz nur immer für einen Gegenwärtigen, aber für mehrere Abwesende offen, seine Gefälligkeit macht, daß viele glauben, er sei ihr Freund, er dient ihnen auch aus Ehrgeiz, Menschenliebe, aber nicht aus dem Trieb, der ihn zum Dienst seiner eigentlichen Freunde treibt. Geliebt hat er nur ein oder zweimal, das eine Mal nicht unglücklich, das andere Mal aber glücklich, er gewann bloß durch Munterkeit und Leichtsinn ein gutes Herz, worüber er nun oft beide vergißt, wird aber Munterkeit und Leichtsinn beständig als Eigenschaften seiner Seele verehren, die ihm die vergnügtesten Stunden seines Lebens verschafft haben, und könnte er sich noch ein Leben und noch eine Seele wählen, so wüßte ich nicht, ob er andere wählen würde, wenn er die seinigen noch einmal wieder haben könnte. Von der Religion hat er als Knabe schon sehr frei gedacht, nie aber eine Ehre darin gesucht, ein Freigeist zu sein, aber auch keine darin, alles ohne Ausnahme zu glauben. Er kann mit Inbrunst beten und hat nie den 90ten Psalm ohne ein erhabenes, unbeschreibliches Gefühl lesen können. *Ehe denn die Berge worden* pp ist für ihn unendlich mehr als; *Sing, unsterbliche Seele* pp. Er weiß nicht, was er mehr haßt, junge Offiziere oder junge Prediger; mit keinen von beiden könnte er lange leben. Für »Assembleen« sind sein Körper und seine Kleider *selten* gut und seine Gesinnungen selten . . . genug gewesen. Höher als drei Gerichte des Mittags und zwei des Abends mit etwas Wein und niedriger als täglich Kartoffeln, Äpfel, Brot und auch etwas Wein hofft er nie zu kommen, in beiden Fällen würde er unglücklich sein, er ist noch allzeit krank geworden, wenn er einige Tage außer diesen Grenzen gelebt hat. Lesen und Schreiben ist für ihn so nötig als Essen und Trinken, er hofft, es wird ihm nie an Büchern fehlen. An den Tod denkt er sehr oft und nie mit Abscheu, er wünscht, daß er an alles mit so vieler Gelassenheit denken könnte, und hofft, sein Schöpfer wird dereinst sanft ein Leben von ihm abfordern, von dem er zwar kein allzu ökonomischer, aber doch kein ruchloser Besitzer war.

Wenn es der Himmel für nötig und nützlich finden sollte, mich und mein Leben noch einmal neu aufzulegen, so wollte ich ihm einige nicht unnütze Bemerkungen zur neuen Auflage mitteilen, die hauptsächlich die Zeichnung des Porträts und den Plan des Ganzen angehen.

Der Trieb zum Bücherschreiben, der gemeinlich wie ein anderer ebenso starker in die Zeit des ersten Barts fällt, hat sich bei mir etwas früher eingestellt. Mein erstes Jucken, wenn ich vom ersten Vers der Messiade zu zählen anfange, fiel in das 6te Jahr des deutschen Hexameters und ungefähr in das 14te, wenn ich mit meiner Geburt anfange. Es ist dieses eine etwas kützliche Zeit, und Eltern und Lehrer haben genau acht zu geben auf ihre Kinder. Ich will daher beschreiben, was ich in mir fühlte, man wird leicht erachten können, wie jemand aussehen muß, der dieses fühlt. Ich fand die Sprache in unserer Familie etwas zu plan, ich vermißte hier und da die Beiwörter und fühlte mich so voll, wenn ich welche fand, zumal die ich selbst gemacht hatte pp.

Ich erinnere mich deutlich, daß ich in meiner ersten Jugend einmal ein Kalb wollte apportieren lernen, allein ob ich gleich merkte, daß ich merklich in den nötigen Fertigkeiten zunahm, so verstanden wir uns einander alle Tage weniger, und ich ließ es endlich ganz und habe es nachher nie wieder versucht.

In jedes Menschen Charakter sitzt etwas, das sich nicht brechen läßt – *das Knochengebäude des Charakters;* und dieses ändern wollen, heißt immer, ein Schaf das Apportieren lehren.

Heautobiographia. Nicht zu vergessen, daß ich einmal die Frage: Was ist das Nordlicht? auf den Graupnerschen Boden mit einer Adresse an einen Engel hinlegte und ganz schüchtern am andern Morgen nach dem Zettel hinschlich. O, wäre da ein Schelm gewesen, der den Zettel beantwortet hätte!

(Lion) Verliebt sich in seinem 10ten Jahr in einen Knaben namens Schmidt (Stadtschuleprimus), eines Schneiders Sohn, hört von ihm gern erzählen und bringt alle Knaben auf eine Unterredung mit ihm, hat ihn nie selbst gesprochen, war ihm aber ein großes Vergnügen zu hören, daß der Knabe von ihm gesprochen habe. Kletterte nach der Schule auf eine Mauer, um ihn aus der Schule gehen zu sehen. Jetzt, da er sich seiner Physiognomie noch sehr deutlich erinnert, so war er nichts weniger als schön, eine Stumpfnase mit roten Backen. War aber Primus in der Schule. Es sollte mir leid sein, wenn ich durch dieses freie Bekenntnis das Mißtrauen gegen die Welt vermehren sollte, aber ich war ein Mensch, und das Glück der Welt, wenn sie es jemals erreicht, muß nicht durch Verhehlung gesucht werden, auf keine Weise, so wird nicht(s) Festes entstehen können. Dauerndes Glück ist nur in Aufrichtigkeit zu finden. Liebe mit Weylands Tochter, gnau und rührend beschrieben, und dann Justine, sie war niemals stärker. Er hat nie stärker geliebt, und Sachsens Marie und D.s Marie. Er hat wenig Menschen in der Welt gekannt, deren Schwachheiten er nicht nach einem Umgang von 3 Wochen (Stunden des Umgangs bloß gerechnet, welches wohl ein Vierteljahr im Kalender betragen konnte), ausgefunden hätte, und er ist überzeugt geworden, daß alle Verstellung nichts hilft gegen einen Umgang von 3 Wochen, denn jede Befestigungskunst hat eine eigne Belagerungskunst für den, der sehen kann. Das Gäßchen (hinten herum), wo mir Weylands Tochter einmal begegnete gegen ½ eins des Nachmittags, vergesse ich nie, es kam mir wie eine Nacht vor, weil da alles am Tische saß, sehr subtil, aber herzenswahr. Hat nie aus Gewinnsucht unrecht gehandelt, so wahr Gott lebt.

Damals fing sich etwas von der Leidenschaft in ihm an zu regen, die wir gewöhnlich nicht lange vorher, ehe wir uns zum erstenmal rasieren lassen, schon verspürt haben. Von Anfang an war es ein Ding, das gar keine Richtung hatte, und er konnte nichts bemerken, als daß seine gewöhnlichen Begierden nicht so wohl besänftigt als von etwas wenigstens ebenso stark nicht mehr dahin, sondern dorthin gezogen wurden, ein ärgerliches Gleichgewicht, man schüttelt und rüttelt und weiß nicht warum, nur um nicht still zu stehen und wieder etwas anderem Überwicht zu geben, ein seltsamer Zustand, durch den wir Männer alle müssen, und ihr Mädchen, ja das weiß ich nicht. Glücklich ist, der geschwind dadurch kommt oder schon vorher eine klare Einbildungskraft durch eine wohltätige Erziehung erhalten hat, daß dieser süße Tumult in der Seele ihm nichts als schöne Hoffnungen eingibt und ihn über einen bezauberten Boden endlich zu der schönen Kreatur hinführt und entzückende Gewißheit mit reizender Ungewißheit vertauschet.

Am 10. Oktober 1793 schickte ich meiner lieben Frau aus dem Garten eine künstliche Blume aus abgefallenen bunten Herbstblättern. Es sollte mich in meinem jetzigen Zustande darstellen; ich ließ es aber nicht dabei sagen.

Ich gehe zuweilen in 8 Tagen nicht aus dem Hause und lebe sehr vergnügt, ein ebenso langer Haus-Rest auf Befehl würde mich in eine Krankheit werfen. Wo Freiheit zu denken ist, da bewegt man sich mit einer Leichtigkeit in seinem Zirkel; wo Gedankenzwang ist, da kommen auch die erlaubten mit einer scheuen Miene hervor.

Am 4ten Juli 1765 lag ich an einem Tag, wo immer heller Himmel mit Wolken abwechselte, mit einem Buche auf dem Bette, so daß ich die Buchstaben ganz deutlich erkennen konnte; auf einmal drehte sich die Hand, worin ich das Buch hielt, unvermutet, ohne daß ich etwas verspürte, und weil dadurch mir einiges Licht entzogen wurde, so schloß ich, es müßte eine dicke Wolke vor die Sonne getreten sein, und alles schien mir düster, da sich doch nichts von Licht in der Stube verloren hatte. So sind oft unsere Schlüsse beschaffen, wir suchen Gründe in der Ferne, die oft in uns selbst ganz nahe liegen.

Heute habe ich im de Lacaille etwas über die Theorie der Kometen nachgelesen. Als ich mich etwas ermüdet fand, stützte ich mich auf meinen Tisch. Weil dieses die Lage ist, in welcher ich gemeiniglich an mich selbst denke, so nahmen meine Gedanken jetzo diesen Zug wieder. In den Gedanken gibt es gewisse Passat-Winde, die zu gewissen Zeiten beständig wehen, und man mag steuern und lavieren, wie man will, so werden sie immer dahin getrieben. Bei solchen November-Tagen wie die jetzigen streichen alle meine Gedanken zwischen Melancholie und Selbstverkleinerung hin, wenn übrigens kein besonderer Strom mich seitwärts treibt, und ich würde oft mich nicht mehr zu finden wissen, wenn nicht die beiden Kompasse, Freundschaft und Wein, mich lenkten und mir Mut gäben, against a sea of troubles zu kämpfen. Mein Verstand folgte heute den Gedanken des großen Newton durch das Weltgebäude nach, nicht ohne den Kützel eines gewissen Stolzes: also bin ich doch auch von dem nämlichen Stoff wie jener große Mann, weil mir seine Gedanken nicht unbegreiflich sind und mein Gehirn Fibern hat, die jenen Gedanken korrespondieren, und was Gott durch diesen Mann der Nachwelt zurufen ließ, wird von mir gehört, da es über die Ohren von Millionen unvernommen hinschlüpft. An diesem Ende folge ich der ehrwürdigen Philosophie, während als am anderen Ende zwo Aufwärterinnen (die »Stella mirabilis« und der »Planet«) eben diesen Verstand, der sich so über die Erde zu schwingen glaubt, in einem Winkel nicht einmal für wichtig genug halten, allen ihren Witz gegen ihn zu gebrauchen, sondern, ohne ihn erst unter den »focum« desselben zu bringen, schon mit seinem gemeinen Licht schmelzen. Die Einbildungskraft, mit welcher ich der subtilsten Wendung einer Wielandischen Beschreibung folge, mir selbst meine eigene Welt schaffe, durch die ich, wie ein Zauberer, wandele und die Körner eines kleinen Leichtsinns in ganze Gefilde geistiger Luft aufblühen sehe, diese Einbildungskraft wird oft von einer fein gebogenen Nase, von einem aufgestreiften gesunden Arm in ihrem schnellsten Schwung so heftig angezogen, daß von der vorigen Bewegung nicht ein flüchtiges Zittern übrig bleibt. So hänge ich in der Welt zwischen Philosophie und Aufwärterinnenlist, zwischen den geistigsten Aussichten und den sinnlichsten Empfindungen in der Mitte, taumelnd aus jenen in diese, bis ich nach einem kurzen Kampf zur Ruhe meines beiderseitigen Ichs dereinst völlig geteilt hier faule und dort in reines Leben aufdunsten werde. Wir beide, Ich und mein Körper, sind noch nie so sehr zwei gewesen als jetzo, zuweilen erkennen wir einander nicht einmal, dann laufen wir so wider einander, daß wir beide nicht wissen, wo wir sind.

Ein großer Fehler bei meinem Studieren in der Jugend war, daß ich den Plan zum Gebäude zu groß anlegte. Die Folge war, daß ich die obere Etage nicht ausbauen konnte, ja ich konnte nicht einmal das Dach zubringen. Am Ende sah ich mich genötigt, mich mit ein paar Dachstübchen zu begnügen, die ich so ziemlich ausbaute, aber verhindern konnte ich doch nicht, daß es mir bei schlimmem Wetter nicht hinein regnete. So geht es gar manchen!

Wenn ich doch Kanäle in meinem Kopf ziehen könnte, um den inländischen Handel zwischen meinem Gedankenvorrate zu befördern! Aber da liegen sie zu Hunderten, ohne einander zu nützen.

Wenn auch meine Philosophie nicht hinreicht, etwas Neues auszufinden, so hat sie doch Herz genug, das längst Geglaubte für unausgemacht zu halten.

Ach Gott, wie manchen Gedanken habe ich gehabt, von dem ich überzeugt sein konnte, daß er den Besten unter den Menschen gefallen würde, wenn sie ihn läsen, und den ich nicht anzubringen wußte, auch anzubringen nicht sonderlich begierig war, und dafür mußte ich mich von manchem seichten Literator und Kompilator oder irgendeinem bloß empirischen Waghals oder einem Epigramme schreibenden Konfusionär über die Achsel ansehen lassen und doch auch gestehen, daß, nach meinem Verhalten, die Leute so gar unrecht nicht hätten, denn wie konnten sie wissen, was meine Indolenz selbst vor meinem Schmierbuch verheimlichte. Wenn mir Deluc schrieb, ich schriebe ihm nie einen Brief, aus dem er nicht etwas lernte, so setzte mich dieses über alle Urteile der Welt weg, aber wieder nur bei mir selbst.

Bei aller meiner Bequemlichkeit bin ich immer in Kenntnis meiner selbst gewachsen, ohne die Kraft zu haben, mich zu bessern, ja ich habe mich öfters für alle meine Indolenz dadurch entschädigt gehalten, daß ich dieses einsah, und das Vergnügen, das mir die genaue Bemerkung eines Fehlers an mir machte, war oft größer als der Verdruß, den der Fehler selbst bei mir erweckte. *So sehr viel mehr galt bei mir der Professor, als der Mensch.* Der Himmel führt seine Heiligen wunderlich.

Ich bin überzeugt, man liebt sich nicht bloß in andern, sondern haßt sich auch in andern.

Alles ist sich gleich, ein jeder Teil repräsentiert das Ganze. Ich habe zuweilen mein ganzes Leben in einer Stunde gesehen.

Ich habe mir zur Regel gemacht, daß mich die aufgehende Sonne nie im Bette finden sollte, so lange ich gesund bin. Es kostete mich nichts als das Machen, denn ich habe es bei Gesetzen, die ich mir selbst gab, immer so gehalten, daß ich sie nicht eher festsetzte, als mir die Übertretung fast unmöglich war.

Den 25. Februarii 1770.

Was ist es, das macht, daß wir uns zuweilen eines geheimen Kummers standhaft entschlagen können, da die Vorstellung, daß wir unter dem Schutz einer höchstgütigen Vorsicht stehen, die größte Würkung auf uns hat, und dennoch oft in der nächsten halben Stunde diesem nämlichen Kummer beinahe unterliegen? Mit mir ist es wenigstens so, ohne daß ich sagen könnte, daß ich bei der zweiten Vorstellung meinen Kummer von einer neuen Seite betrachte, andere Relationen einsehe, nichts weniger. Fände dieses statt, so würde ich diese Anmerkung nicht einmal niedergeschrieben haben. Ich glaube vielmehr, daß die moralische Empfindlichkeit im Menschen zu unterschiedenen Zeiten verschieden ist, des Morgens stärker als des Abends.

Meine Hypochondrie ist eigentlich eine Fertigkeit, aus jedem Vorfalle des Lebens, er mag Namen haben, wie er will, die größtmögliche Quantität Gift zu eigenem Gebrauch auszusaugen.

Ein Charakter: von allem nur das Schlimmste zu sehen, alles zu fürchten, selbst Gesundheit als einen Zustand anzusehen, da man seine Krankheit nicht fühlt; ich glaube, keinen Charakter würde ich glücklicher durchsetzen können als diesen.

Wenn ich nur einmal einen rechten Entschluß fassen könnte, gesund zu sein! *Valere aude!*

Wenn Vernunft, die Tochter des Himmels, von Schönheit urteilen dürfte, so wäre Krankheit die einzige Häßlichkeit.

Wenn man jung ist, so weiß man kaum, daß man lebt. Das Gefühl von Gesundheit erwirbt man sich nur durch Krankheit. Daß uns die Erde anzieht, merken wir, wenn wir in die Höhe springen, durch Stoß beim Fallen. Wenn sich das Alter einstellt, so wird der Zustand der Krankheit eine Art von Gesundheit, und man merkt nicht mehr, daß man krank ist. Bliebe die Erinnerung des Vergangenen nicht, so würde man die Änderung wenig merken. Ich glaube daher auch, daß die Tiere auch nur in unsern Augen alt werden. Ein Eichhörnchen, das an seinem Sterbetage ein Austerleben führt, ist nicht unglücklicher als die Auster. Aber der Mensch, der an drei Stellen lebt, im Vergangenen, im Gegenwärtigen und (in) der Zukunft, kann unglücklich sein, wenn eine von diesen dreien nichts taugt. Die Religion hat sogar noch eine vierte hinzugefügt, die – Ewigkeit.

Die gesundesten und schönsten, regelmäßigst gebauten Leute sind die, die sich alles gefallen lassen. Sobald einer ein Gebrechen hat, so hat er seine eigne Meinung.

Aberglauben und Träume

Das Maß des Wunderbaren sind wir. Wenn wir ein allgemeines Maß suchten, so würde das Wunderbare wegfallen und würden alle Dinge gleich groß sein.

Einer der merkwürdigsten Züge in meinem Charakter ist gewiß der seltsame Aberglaube, womit ich aus jeder Sache eine Vorbedeutung ziehe und in einem Tage hundert Dinge zum Orakel mache. Ich brauche es hier nicht zu beschreiben, indem ich mich hier nur allzu wohl verstehe. Jedes Kriechen eines Insekts dient mir zu Antworten über Fragen über mein Schicksal. Ist das nicht sonderbar von einem Professor der

Physik? Ist es aber nicht in menschlicher Natur gegründet und nur bei mir monströs geworden, ausgedehnt über die Proportion natürlicher Mischung, wo es heilsam ist?

Ist das nicht ein herrlicher Zug in Rousseaus Bekenntnissen, wo er sagt, er habe mit Steinen nach Bäumen geworfen, um zu sehen, ob er selig oder verdammt würde? Großer Gott, wie oft habe ich Ähnliches getan, ich habe immer gegen den Aberglauben gepredigt und bin für mich immer der ärgste Zeichendeuter. Als N ... auf tot lag, ließ ich es auf den Krähenflug ankommen, wegen des Ausgangs mich zu trösten. Ich hatte, wenn ich am Fenster stand, einen hohen Turm mir gegenüber, auf dem viele Krähen waren. Ob rechts oder links vom Turm die erste Krähe erschien. Sie erschien von der linken, allein da tröstete ich mich wieder damit, daß ich nicht festgesetzt hatte, welches eigentlich die linke Seite des Turms genannt zu werden verdiente. Es ist vortrefflich, daß Rousseau sich mit Fleiß einen dicken Baum aussuchte, den er also nicht leicht fehlen konnte.

So wie die Furcht Götter gemacht hat, so macht ein Trieb zur Sicherheit, der uns eingeprägt ist, die Gespenster. Leute, die nicht furchtsam, nicht abergläubisch und nicht im Kopfe verrückt sind, sehen keine Geister. Der Trieb zur Sicherheit, der mir in einem Wald oder bei der Nacht die Warnung gibt: *nimm dich vor einem Überfall in acht*, könnte schon allein Gespenster erzeugen, wenn auch keine Visionaires dazu kämen, die sie wirklich sehen. Um den Ursprung der Gespenster in der menschlichen Natur zu erklären, können auch noch die Erfahrungen angezeigt werden, die ich gemacht habe, daß mir öfters beim Erwachen vorkommt, es retiriere sich jemand aus der Stube, es summe eine eingesteckte Gabel, es liefen große Spinnen vor mir. Der vielfältige optische Betrug: jemand sieht etwas auf dem Felde nicht weit von sich stehen, er geht darauf zu, und es weicht aus, er weicht zurück, und es folgt ihm, das kann eine entfernte Warte, ein entfernter Baum u.s.w. sein. (Sollte man solche Betrüger, die Gespenster spielen, am Leben oder mit ewigem Gefängnis strafen?) Wenn ich nicht glauben will, daß einige der Zuschauer selbst mit dem Taschenspieler in Verbindung stehen und seine Betrügereien unterstützen, so wird es völlig unerklärlich, wie derselbe einer weit von ihm entfernten Person etwas in die Tasche praktizieren könne, wie ich selbst gesehen habe. Ich möchte nur wissen, ob sich die Busschische Geschichte durch die ›positionem falsi‹, daß die Fräuleins und die Französin die Historie spielen könnten, erklären läßt. Die Charaktere der Personen kommen nicht in Betracht und können deswegen nichts bestimmen, weil sie ganz was anders sein können, als wofür wir sie halten.

Aus den Träumen der Menschen, wenn sie dieselben gnau anzeigten, ließe sich vielleicht vieles auf ihren Charakter schließen. Es gehörte aber dazu nicht etwa einer, sondern eine ziemliche Menge.
Bei den Träumen ist doch dieses merkwürdig, daß Traum von Belehrung weiter nichts ist und sein kann als Erinnerung oder Zusammensetzung in unserem Kopf liegender Begriffe, es entsteht dabei eine Person dazu.

Die Träume können dazu nützen, daß sie das unbefangene Resultat, ohne den Zwang der oft erkünstelten Überlegung, von unserem ganzen Wesen darstellen. Dieser Gedanke verdient sehr beherzigt zu werden.

Es ließe sich ein philosophisches Traumbuch schreiben, man hat, wie es gemeiniglich geht, seine Altklugheit und Eifer die *Traumdeutungen* empfinden lassen, die eigentlich bloß gegen die *Traumbücher* hätte gewendet werden sollen. Ich weiß aus unleugbarer Erfahrung, daß Träume zu Selbsterkenntnis führen. Alle Empfindung, die von der Vernunft nicht gedeutet wird, ist stärker. Beweis: das Brausen in den Ohren während des Schlafs, das bei Erwachen nur sehr schwach befunden wurde. Daß es mir alle Nacht von meiner Mutter träumt, und daß ich meine Mutter in allem finde, ist ein Zeichen, wie stark jene Brüche des Gehirns sein müssen, da sie sich gleich wieder herstellen, sobald das regierende Principium den Zepter niederlegt. Merkwürdig ist, daß einem zuweilen von Straßen der Vaterstadt träumt, man sieht besondere Häuser, die einen frappieren, bald darauf aber besinnt man sich und findet (wiewohl es falsch ist), es sei ehemals so gewesen.

Träume führen uns oft in Umstände und Begebenheiten hinein, in die wir wachend nicht leicht hätten können verwikkelt werden, oder lassen uns Unbequemlichkeiten fühlen, welche wir vielleicht als klein in der Ferne verachtet hätten, und eben dadurch mit der Zeit in dieselben verwickelt worden wären. Ein Traum ändert daher oft unseren Entschluß, sichert unseren moralischen Fond besser als alle Lehren, die durch einen Umweg ins Herz gehen.

Wir sehen verstorbene Personen im Traum öfter doppelt (ich meine, wir wissen, daß sie tot sind, und sprechen doch mit ihnen, erzählen es ihnen wohl gar selbst). Ich sage öfter, als daß es bloßer Zufall sein könnte. Es verdient daher unsere Aufmerksamkeit. Es rührt also wahrscheinlich davon her, daß unser Gehirn doppelt ist, symmetrisch, oder daß wir würklich wachend uns ebenso die Sache vorstellen, und daß uns die Vernunft bei jedem Schritt immer wieder belehrt.

Wenn ich im Traum mit jemandem disputiere und der mich widerlegt und belehrt, so bin ich es, der sich selbst belehrt, *also nachdenkt.* Dieses Nachdenken wird also unter der Form von Gespräch angeschaut. Können wir (uns) also wundern, wenn die frühen Völker das, was sie bei der Schlange denken, (wie Eva) ausdrücken durch: *Die Schlange sprach zu mir.* Der Herr sprach zu mir. Mein Geist sprach zu mir. Da wir eigentlich nicht genau wissen, wo wir denken, so können wir den Gedanken hin versetzen, wo wir wollen. So wie man sprechen kann, daß man glaubt, es komme von einem Dritten, so kann (man) auch so denken, daß es läßt, als würde es uns gesagt: ›Genius Sokratis‹ pp. Wie erstaunend vieles ließe sich nicht durch die Träume noch entwikkeln.

Daß wir uns im Traume selbst sehen, kommt vom Spiegelsehen her, bei welchem wir nicht denken, daß es im Spiegel ist. Es ist aber im Traum die Vorstellung lebhafter und das Bewußtsein und Denken geringer.

Ich empfehle Träume nochmals; wir leben und empfinden so gut im Traum als im Wachen und sind jenes so gut als dieses, es gehört mit unter die Vorzüge des Menschen, daß er träumt und es weiß. Man hat schwerlich noch den rechten Gebrauch davon gemacht. Der Traum ist ein Leben, das, mit unserem übrigen zusammengesetzt, das wird, was wir menschliches Leben nennen. Die Träume verlieren sich in unser Wachen allmählich herein, man kann nicht sagen, wo das Wachen eines Menschen anfängt.

In der Nacht vom 9ten auf den 10ten Februar 99 träumt mir, ich speiste auf einer Reise in einem Wirtshause, eigentlich auf einer Straße in einer Bude, worin zugleich gewürfelt wurde. Gegen mir über saß ein junger gut angekleideter, etwas windig aussehender Mann, der, ohne auf die Umhersitzenden und -stehenden zu achten, seine Suppe aß, aber immer den zweiten oder dritten Löffel voll in die Höhe warf, wieder mit dem Löffel fing und dann verschluckte. Was mir diesen Traum besonders merkwürdig macht, ist, daß ich dabei meine *gewöhnliche* Bemerkung machte, daß solche Dinge nicht könnten erfunden werden, man müsse sie sehen (nämlich kein Romanschreiber würde darauf verfallen), und dennoch hatte ich dieses doch in dem Augenblick erfunden. Bei dem Würfelspiel saß eine lange hagere Frau und strickte. Ich fragte, was man da gewinnen könnte; sie sagte: *nichts;* und als ich fragte, ob man was verlieren könne, sagte sie: *nein!* Dieses hielt ich für ein wichtiges Spiel.

Selbstmord und Tod

Krankheiten der Seele können den Tod nach sich ziehen, und das kann Selbstmord werden.

Ich habe schon auf Schulen Gedanken vom Selbstmord gehegt, die den gemein angenommenen in der Welt schnurstracks entgegenliefen, und erinnere mich, daß ich einmal lateinisch für den Selbstmord disputierte und ihn zu verteidigen suchte. Ich muß aber gestehen, daß die innere Überzeugung von der Billigkeit einer Sache (wie dieses aufmerksame Leser werden gefunden haben) oft ihren letzten Grund in etwas Dunklem hat, dessen Aufklärung äußerst schwer ist oder wenigstens scheint, weil eben der Widerspruch, den wir zwischen dem klar ausgedrückten Satz und unserem undeutlichen Gefühl bemerken, uns glauben macht, wir haben den rechten noch nicht gefunden. Im August 1769 und in den folgenden Monaten habe ich mehr an den Selbstmord gedacht als jemals vorher, und allezeit habe ich bei mir befunden, daß ein Mensch, bei dem der Trieb zur Selbsterhaltung so geschwächt worden ist, daß er so leicht überwältigt werden kann, sich ohne Schuld ermorden könne. Ist ein Fehler begangen worden, so liegt er viel weiter zurück. Bei mir ist eine vielleicht zu lebhafte Vorstellung des Todes, seines Anfangs, und wie leicht er an sich ist, schuld, daß ich vom Selbstmord so denke. Alle, die mich nur aus etwas größeren Gesellschaften und nicht aus einem Umgang zu zweit kennen, werden sich wundern, daß ich so etwas sagen kann. Allein Herr Ljungberg weiß es, daß es eine von meinen Lieblingsvorstellungen ist, mir den Tod zu gedenken, und daß mich dieser Gedanke zuweilen so einnehmen kann, daß ich mehr zu fühlen als zu denken scheine und halbe Stunden mir wie Minuten vorübergehen. Es ist dieses keine dickblütige Selbstkreuzigung, welcher ich wider meinen Willen nachhing, sondern eine geistige Wollust für mich, die ich wider meinen Willen sparsam genieße, weil ich zuweilen fürchte, jene melancholische nachteulenmäßige Betrachtungsliebe möchte daraus entstehen.

Man schreibt wider den Selbstmord mit Gründen, die unsere Vernunft in dem kritischen Augenblick bewegen sollen. Dieses ist aber alles vergeblich, so lange man sich diese Gründe nicht *selbst* gefunden hat, das heißt, sobald sie nicht die Früchte, das Resultat unsrer ganzen Erkenntnis und unsres erworbenen Wesens sind. Also alles ruft uns zu: Bemühe dich täglich um Wahrheit, lerne die Welt kennen, befleißige dich des Umgangs mit rechtschaffnen Menschen, so wirst du jederzeit handeln, wie dir's am zuträglichsten ist, und findest du dereinst den Selbstmord für zuträglich, das heißt: sind alle deine Gründe nicht hinreichend, dich abzuhalten, so ist er dir auch – erlaubt.

Rede eines Selbstmörders kurz vor der Tat aufgesetzt

Freunde! Ich stehe jetzo vor der Decke, im Begriff sie aufzuziehen, um zu sehen, ob es hinter derselben ruhiger sein wird als hier. Es ist dieses keine Anwandlung einer tollen Verzweiflung, ich kenne die Kette meiner Tage aus den wenigen Gliedern, die ich gelebt habe, zu wohl. Ich bin müde weiter zu gehen, hier will ich ganz sterben oder doch wenigstens über Nacht bleiben. Hier nimm meinen Stoff wieder, Natur, knete ihn in die Masse der Wesen wieder ein, mache einen Busch, eine Wolke, alles, was du willst, aus mir, auch einen Menschen, aber mich nicht mehr. Dank sei es der Philosophie, daß mich jetzo keine frommen Possen in dem Zug meiner Gedanken stören. Genug, ich denke, ich fürchte nichts, gut, also weg mit dem Vorhang! – –

Der Totenkopf – eine Weltkugel.

Was für einen Effekt würde es nicht auf mich haben, wenn ich einmal in einer ganz schwarz behangenen großen Stube, wo auch die Decke mit schwarzem Tuch beschlagen wäre, und bei schwarzen Fußteppichen, schwarzen Stühlen und schwarzem Kanapee, in einem schwarzen Kleide bei einigen wenigen Wachskerzen sitzen müßte und von schwarz gekleideten Leuten bedient würde?

Ich kann den Gedanken nicht los werden, daß ich *gestorben* war, ehe ich geboren wurde, und durch den Tod wieder in jenen Zustand zurückkehre. Es ist ein Glück in mancher Rücksicht, daß diese Vorstellung nicht zur Deutlichkeit gebracht werden kann. Wenn auch der Mensch jenes Geheimnis der Natur erraten kann, so wäre es doch sehr gegen ihr Interesse, wenn er es beweisen könnte. Sterben und wieder lebendig werden mit Erinnerung seiner vorigen Existenz, nennen wir ohnmächtig gewesen sein; wiedererwachen mit andern Organen, die erst wieder gebildet werden müssen, heißt geboren werden.

Vernunft und Empfindung

Die Frage: *Ist dieses auch wahr?* ja bei allem zu tun und dann die Gründe aufzusuchen, warum man Ursache habe zu glauben, daß es nicht wahr sei.

Man muß in der Welt und im Reich der Wahrheit frei untersuchen, es koste, was es wolle, und sich nicht darum bekümmern, ob der Satz in eine Familie gehört, worunter einige Glieder gefährlich werden können. Die Kraft, die dazu gehört, kann sonst wo nützen.

Alles bis auf das Äußerste hinaus zu verfolgen, so daß nicht die geringste dunkle Idee zurückbleibt, mit Versuchen, die Mängel daran zu entdecken, sie zu verbessern, oder überhaupt zu dieser Absicht etwas Vollkommeneres anzugeben, ist das einzige Mittel, uns den sogenannten gesunden Menschenverstand zu geben, der der Hauptendzweck unsrer Bemühungen sein sollte. Ohne ihn ist keine wahre Tugend. Er macht allein den großen Schriftsteller, »scribendi recte sapere est et principium et fons«. Man muß nur wollen, war der Grundsatz des Helvetius.

Man frage sich selbst, ob man sich die kleinsten Sachen erklären kann, dieses ist das einzige Mittel, sich ein rechtes System zu formieren, seine Kräfte zu erforschen und seine Lektüre sich nützlich zu machen.

Laß dich nicht anstecken, gib keines andern Meinung, ehe du sie dir anpassend gefunden, für deine aus; meine lieber selbst.

Es verdiente einmal recht ernstlich für eigene Haushaltung untersucht zu werden warum die meisten Erfindungen durch Zufall müssen gemacht werden. Die Hauptursache ist wohl die, daß die Menschen alles so ansehen lernen wie ihre Lehrer und ihr Umgang es ansieht. Deswegen müßte es sehr nützlich sein, einmal eine Anweisung zu geben, wie man nach gewissen Gesetzen von der Regel abweichen könne.

Man spricht viel von Aufklärung und wünscht mehr Licht. Mein Gott, was hilft aber alles Licht, wenn die Leute entweder keine Augen haben, oder die, die sie haben, vorsätzlich verschließen?

Den Mann nenne ich groß, der viel gedacht und gelesen und erfahren hat, und der alles, was er gedacht, gelesen und erfahren hat, bei jeder Sache, die er unternimmt, also auch bei jedem Buch, das er schreibt, vereint zum besten Zweck anzuwenden weiß, alles so anschaulich darzustellen, daß jeder sehen muß, was er selbst gesehen hat.

Ein witziger und dabei flüchtiger Kopf lernt wenig gründlich, macht aber von dem wenigen gewiß den bestmöglichen Gebrauch, den ein minder witziger, aber gründlicherer Gelehrter von dem seinigen nicht zu machen im stande ist.

Leute, die sehr viel gelesen haben, machen selten große Entdeckungen. Ich sage dieses nicht zur Entschuldigung der Faulheit, denn Erfinden setzt eine weitläufige Selbstbetrachtung der Dinge voraus, man muß mehr sehen als sich sagen lassen.

Wenn man die Menschen lehrt, *wie* sie denken sollen und nicht ewig hin, *was* sie denken sollen: so wird auch dem Mißverständnis vorgebeugt. Es ist eine Art von Einweihung in die Mysteria der Menschheit. Wer im eignen Denken auf einen sonderbaren Satz stößt, kommt auch wohl wieder davon ab, wenn er falsch ist. Ein sonderbarer Satz hingegen, der von einem Mann von Ansehen gelehrt wird, kann Tausende, die nicht untersuchen, irre führen. Man kann nicht vorsichtig genug sein in Bekanntmachung eigner Meinungen, die auf Leben und Glückseligkeit hinauslaufen, hingegen nicht emsig genug, Menschenverstand und -zweifel einzuschärfen. Hieher gehört die auf der gegenüberstehenden Seite angeführte Sentenz »every man's reason is every man's oracle«.

Der Aberglauben gemeiner Leute rührt von ihrem frühen und allzu eifrigen Unterricht in der Religion her, sie hören von Geheimnissen, Wundern, Würkungen des Teufels und halten es für sehr wahrscheinlich, daß dergleichen Sachen überall in allen Dingen geschehen könnten. Hingegen wenn man ihnen erst die Natur selbst zeigte, wo würden sie leichter das Übernatürliche und Geheimnisvolle der Religion mit Ehrfurcht betrachten, da sie hingegen jetzo dieses für etwas sehr Gemeines halten, so daß sie es für nichts Sonderliches halten, wenn ihnen jemand sagte, es wären heute 6 Engel über die Straße gegangen. Auch die Bilder in den Bibeln taugen nicht für Kinder.

Aufklärung in allen Ständen besteht eigentlich in *richtigen Begriffen von unseren wesentlichen Bedürfnissen.*

Ich möchte zum Zeichen für Aufklärung das bekannte Zeichen des Feuers (△) vorschlagen. Es gibt Licht und Wärme, es [ist] zum Wachstum und Fortschreiten alles dessen, was lebt, unentbehrlich, allein – unvorsichtig behandelt, brennt es auch und zerstört auch.

Die Vernunft sieht jetzt über das Reich der dunkelen aber warmen Gefühle so hervor wie die Alpenspitzen über die Wolken. Sie sehen die Sonne reiner und deutlicher, aber sie sind kalt und unfruchtbar. Brüstet sich mit ihrer Höhe.

Unsere Philosophen hören zu wenig die Stimme der Empfindung, oder vielmehr sie haben so selten feines Gefühl genug, daß sie bei jedem Vorfall in der Welt immer mehr das angeben, was sie wissen, als wie was sie dabei empfinden, und das ist nichts wert, dadurch kommen wir der eigentlichen Philosophie keinen Schritt näher. Das was der Mensch wissen kann, ist das gerade auch das, was er wissen soll?

Sollte wohl die Vernunft, oder vielleicht besser der Verstand, wenn er auf Endursachen gerät, besser daran sein, als wenn er auf ein Diktat des Herzens gerät? Es ist ja noch eine große Frage, wodurch wir am stärksten mit der uns umgebenden Welt verbunden sind, von Seiten des Herzens oder der Vernunft.

Ich glaube, daß der Instinkt im Menschen dem geschlossenen Räsonnement vorgreift, und daß daher manches von minder Gelehrten, aber dabei genauen Empfindern offenbart sein mag, was das geschlossene Räsonnement noch bis jetzt nicht erreichen und verfolgen kann. Es erzeugt sich tierische Wärme und wird erzeugt werden, ohne daß man noch genau imstande ist zu erklären, woher sie komme. Dahin rechne ich die Lehre über die Unsterblichkeit der Seele. Es wird nach unserm Leben so sein, wie es vor demselben war, dieses ist ein triebmäßiger, instinktmäßiger Vorgriff vor allem Räsonnement. Man kann es noch nicht beweisen, aber für mich hat [es], zusammen genommen mit andern Umständen, Ohnmachten, Betäubungen, eine unwiderstehliche Gewalt und hat es auch vermutlich für eine Menge von Menschen, die es nicht gestehen wollen. Kein einziges Räsonnement hat mich noch vom Gegenteil überzeugt. Meine Meinung ist Natur, jenes ist *Kunst*, deren Resultat allem so sehr und stark widerspricht, als nur etwas widersprechen kann.

Es ist fast zu vermuten, daß, wenn sich protestantische Religion und kalte gesunde Vernunft mehr ausbreiten, und wenn gesunde brauchbare Philosophie gang und gäbe wird, die schönen Künste merklich verfallen werden. Ja, es ist eine Frage, ob nicht die schädlichen Folgen sich noch weiter erstrecken werden. Die gesündeste Philosophie ist geneigt, sich in Vorschläge zu verlieren. Den Schwärmern, die feineren Aberglauben mit gesunder Vernunft in der gehörigen Proportion zu mischen gelernt haben, ist es aufbehalten, den bei der kalten Betrachtung gerinnenden Säften des Völkerkörpers wieder Flüssigkeit, Wärme und Geschwindigkeit zu erteilen und die Glieder dahin zu vermögen, nicht alle ihre Entschlüsse erst durch den Kopf passieren zu lassen. Der Hang zum Besondern. Es wird daher auch nie eine Philosophie allgemein gemacht werden können. Vernunft und Erfahrung können zwar bei einem Schriftsteller einigermaßen die Haushaltung für die Empfindung führen, wenn er beide in einem sehr großen Maße besitzt, nie wird er aber sein Werk durch Züge erheben können, bei deren Erblickung der feinste Nachahmer bekennen muß, sie lägen außer seinem Sprengel. Es scheint, als wenn sich der Himmel die Mitteilung besonderer Gedanken und Entdeckungen selbst vorbehalten hätte, da sie so selten die Frucht des Fleißes sind.

Religion

Eine der schwersten Künste für den Menschen ist wohl die, sich Mut zu geben. Diejenigen, denen er fehlt, finden ihn am ersten unter dem mächtigen Schutz eines, der ihn besitzt, und der uns dann helfen kann, wenn alles fehlt. Da es nun so viele Leiden in der Welt gibt, denen mit Mut entgegenzugehen, kein menschliches Wesen einem schwachen Trost genug geben kann, so ist die Religion vortrefflich. Sie ist eigentlich die Kunst, sich durch Gedanken an Gott ohne weitere andere Mittel Trost und Mut im Leiden zu verschaffen, und Kraft, demselben entgegenzuarbeiten. Ich habe Menschen gekannt, denen ihr Glück ihr Gott war. Sie glaubten an ein Glück, und der Glaube gab ihnen Mut. Mut gab ihnen Glück und Glück Mut. Es ist ein großer Verlust für den Menschen, wenn er die Überzeugung von einem weisen, die Welt lenkenden Wesen verloren hat. Ich glaube, es ist dieses eine notwendige Folge alles Studiums der Philosophie und der Natur. Man verliert zwar den Glauben an einen Gott nicht, aber es ist nicht mehr der hülfreiche Gott unsrer Kindheit; es ist ein Wesen, dessen Wege nicht unsere Wege und dessen Gedanken nicht unsere Gedanken sind, und damit ist dem Hülflosen nicht sonderlich viel gedient.

Ich glaube, sehr viele Menschen vergessen über ihrer Erziehung für den Himmel die für die Erde. Ich sollte denken, der Mensch handelte am weisesten, wenn er erstere ganz an ihren Ort gestellt sein ließe. Denn *wenn* wir von einem weisen Wesen auf diese Stelle gestellt worden sind, woran kein Zweifel ist, so laßt uns das Beste in dieser Station tun und uns nicht durch Offenbarungen blenden, die alle betrügerisch sind. Was der Mensch zu seiner Glückseligkeit zu wissen nötig hat, das weiß er gewiß ohne alle Offenbarung als die, die er seinem Wesen nach besitzt. Laßt ihn seinen Endzweck finden. Wie sehr die Palliative von temporeller Ruhe Schaden gestiftet haben, hat man ja gesehen. Ja, wenn man mit lauter Menschen zu tun hätte (Gott behüte und bewahre), die alle Sonntage in die Kirche und zum Abendmahle gingen!! Das Blutvergießen, das das Palliativ bewirkt hat, ist ja bekannt. Die Einführung natürlicher Religion würde das nicht bewirkt haben, wenn man ihr gleich *treu* geblieben wäre. Ich sehe alle diese Menschen-Satzungen (NB) nur als Palliative an, Zeit *zu gewinnen* für die Aufsuchung des *wahren* Ganges. Man sollte das Wort Religion gar nicht haben. Wann und wie ist es entstanden? Eine eigentliche Glückseligkeitslehre daraus zu machen, alles muß dahin abzwecken. Nach dem, was ich mir von Religion gedenke, so ist es eine Sammlung von Vorschriften zur Glückseligkeit, die der untersuchende Teil des Menschengeschlechts (seine Repräsentanten) solange dem ununtersuchenden einzuschärfen sucht, bis sie selbst etwas Besseres ausspioniert haben. Was hat nicht, während der Pöbel ruhte, der fortschreitende Geist der Untersucher für Gutes getan! Freilich möchte jetzt manche Unordnung entstehen, wenn wir im eigentlichen Verstand bessern wollten. Aber dieses ist nicht ihre Schuld, sondern das ist unsere, die wir ihnen so viel weis gemacht haben.

Man kann nicht genug beherzigen, daß die *Existenz eines Gottes, die Unsterblichkeit der Seele* und dergl. bloß *gedenkbare,* aber nicht *erkennbare* Dinge sind. Es sind Gedankenverbindungen, Gedankenspiele, denen nicht etwas Objektives zu korrespondieren braucht. Es war ein großer Fehler der Wolffschen Philosophie, daß sie den Satz des Widerspruchs auf das Erkennbare ausdehnte, da er doch eigentlich bloß das Denkbare angeht.

Man muß sich in acht nehmen, daß man, um die Möglichkeit mancher Dinge zu erweisen, nicht gar zu bald auf die Macht eines höchstvollkommenen Wesens appelliert, denn sobald man z. E. glaubt, (daß) Gott die Materie denken mache, so kann man nicht mehr erweisen, daß ein Gott außer der Materie sei.

Schon vor vielen Jahren habe ich gedacht, daß unsere Welt das Werk eines untergeordneten Wesens sein könne, und noch kann ich von dem Gedanken nicht zurückkommen. Es ist eine Torheit zu glauben, es wäre keine Welt möglich, worin keine Krankheit, kein Schmerz und kein Tod wäre. Denkt man sich ja doch den Himmel so! Von Prüfungszeit, von allmählicher Ausbildung zu reden, heißt sehr menschlich von Gott denken und ist bloßes Geschwätz. Warum sollte es nicht Stufen von Geistern bis zu Gott hinaufgeben und unsere Welt das Werk von einem sein können, der die Sache noch nicht recht verstand, ein Versuch? Ich meine unser Sonnensystem oder unser ganzer Nebelstern, der mit der Milchstraße aufhört. Vielleicht sind die Nebelsterne, die Herschel gesehen hat, nichts als eingelieferte Probestücke oder solche, an denen noch gearbeitet wird. Wenn ich Krieg, Hunger, Armut und Pestilenz betrachte, so kann ich unmöglich glauben, daß alles das Werk eines höchstweisen Wesens sei; oder es muß einen von ihm unabhängigen Stoff gefunden haben, von welchem es einigermaßen beschränkt wurde; sodaß dieses nur respektive die beste Welt wäre, wie auch schon häufig gelehrt worden ist.

In einer Beilage zum Freimütigen (einer sehr guten katholischen periodischen Schrift) wird ein Gedanke, den ich selbst öfters gehabt habe, sehr gut ausgedrückt. Nämlich der Mann sagt: ich bin biblisch katholischer Christ und kein römisch katholischer Glaubenssklave. Ihr tadelt mich, daß ich meiner Vernunft folge; folgt Ihr denn etwas anderm? Nein, Ihr folgt Eurer Vernunft, weil sie Euch lehrt, daß Ihr Euch der Meinung der Kirche blindlings unterwerfen sollt, und ich folge der meinigen, weil sie mich lehrt, daß ich alles, wie der Apostel, prüfen und das Beste behalten soll. Ihr haltet mich für unweise, weil ich meiner Vernunft folge, und ich Euch nicht für klüger, weil ihr der Eurigen so folgt.

So lange die verschiedenen Religionen nur verschiedene Religionssprachen sind, so ist alles recht gut; nur muß die Absicht, der Sinn, einerlei und gut sein. Was liegt endlich daran, ob einer vor einem hölzernen Christus niederfällt, wenn er nur dadurch zum Guten geleitet wird! Nur muß Religion an sich selbst die Prüfung aushalten, damit sie in jedem *Dialekt,* wie sich Semler ausdrückt, Gutes wirken kann. Es verrät wenig Weisheit bei manchen Leuten, da sie sich über die religiösen Gebräuche anderer lustig machen; sie beweisen durch ihre Aufführung, daß sie den ganzen Sinn der Bibel nicht fassen. Wenn bei dem Volke Zweifel entstehen, so muß sie der Gelehrte zu heben wissen; allein es verrät unbeschreiblichen Unverstand, wenn Gelehrte gegen die Religion des Volks schreiben und daran zu Helden werden wollen.

Die Katholiken bedenken nicht, daß der Glauben der Menschen sich auch ändert, wie überhaupt die Zeiten und Kenntnisse der Menschen. Hier zunehmen und dort stille stehen, ist den Menschen unmöglich. Selbst die Wahrheit bedarf zu andern Zeiten wieder einer andern Einkleidung, um gefällig zu sein.

Lange vor Erfindung des Papsttums und des Fegfeuers war es schon gebräuchlich, für die Verstorbenen zu beten. Ich glaube, mich hat auch einmal die Liebe zu meiner Mutter verleitet, für sie zu beten. Es ist dieses weiter nichts als die Vermenschung, Vermenschlichung alles dessen, wovon wir nichts wissen und nichts wissen können, die man überall antrifft.

Die gemeinen Leute unter den Katholiken beten lieber einen Heiligen an oder richten ihr Gebet an ihn als an den lieben Gott, so wie sich die Bauern immer lieber an die Bedienten halten. Gleich und gleich gesellt sich gern.

Gott schuf den Menschen nach seinem Bilde, sagt die Bibel, die Philosophen machen es gerade umgekehrt, sie schaffen Gott nach dem ihrigen.

Wir sehen in der Natur nicht Wörter, sondern immer nur Anfangsbuchstaben von Wörtern, und wenn wir alsdann lesen wollen, so finden wir, daß die neuen sogenannten Wörter wiederum bloß Anfangsbuchstaben von anderen sind.

Die größten Dinge in der Welt werden durch andere zuwege gebracht, die wir nichts achten, kleine Ursachen, die wir übersehen, und die sich endlich häufen.

Weiser werden heißt immer mehr und mehr die Fehler kennen lernen, denen dieses Instrument, womit wir empfinden und urteilen, unterworfen sein kann. Vorsichtigkeit im Urteilen ist, was heutzutage allen und jeden zu empfehlen ist. Gewönnen wir alle 10 Jahre nur *eine* unstreitige Wahrheit von jedem philosophischen Schriftsteller, so wäre unsere Ernte immer reich genug.

Eine Hauptregel in der Philosophie ist, keinen »Deum ex machina« zu machen, keine Sinnen, keinen Instinkt anzunehmen, wo man noch mit Assoziation und Mechanismus auskommen kann.

Wir haben nunmehr 4 Prinzipien der Moral:
1.) *ein philosophisches:* Tue das Gute um sein selbst willen, aus Achtung fürs Gesetz;
2) *ein religiöses:* Tue es darum, weil es Gottes Wille ist, aus Liebe zu Gott;

3) *ein menschliches:* Tue es, weil es deine Glückseligkeit befördert, aus Selbstliebe;
4) *ein politisches:* Tue es, weil es die Wohlfahrt der großen Gesellschaft befördert, von der du ein Teil bist, aus Liebe zur Gesellschaft, mit Rücksicht auf dich.
Sollte dieses nicht alles dasselbe Prinzip sein, nur von andern Seiten angesehen? Ein Ausdruck desselben kann dasselbe besser für gewisse Klassen von Menschen repräsentieren. Ich sehe nicht ein, warum man nicht gewissen Menschenklassen dieselbe Sache unter einem andern Bilde verständlich machen sollte, wenn er nur bei wachsender Erkenntnis ein besseres findet, oder eines, das seinem Steigen angemessen ist. Ja, es ist mir sogar ein Fall gedenkbar, da der menschliche Geist sich noch ruhig findet und ruhig ansehen kann, daß alles *Nichts* ist, wenn er nur durch diese Stufen der höchsten Anstrengung zu dieser Kenntnis gelangt ist. Schwache, zum Nachdenken nicht aufgelegte Menschen, die solche Kenntnisse auf Treu und Glauben antizipierten, wären verloren, und daher rührt vieles Unheil in der Welt.

Eine sehr nützliche und wichtige Frage, die wir allezeit an uns selbst tun sollten, ist ohnstreitig diese: Wie kann ich dieses Ding oder den gegenwärtigen Augenblick am besten nützen? Das Maximum, das hier stattfindet, wird sich wohl schwerlich allemal sogleich finden lassen. Zwischen allen den möglichen Verrichtungen, die sich mit gleichen Kräften in einem Augenblick tun lassen, ist eine große Verschiedenheit, und eine ebenso große zwischen denjenigen, die sich mit der stärksten Kraft, die in meiner Macht stehet, in einem jeden Augenblick tun lassen. Das Maß des inneren Werts unserer moralischen Handlungen wird also wohl dieses sein, daß wir sie so weit treiben bis auf den Punkt, da sie uns verdrüßlich werden würden, wenn wir ihn überschritten. Alsdenn sind wir versichert, daß wir die größte Kraft angewendet haben, und dieses tun auch tugendhafte Leute würklich, ohne es zu wissen. Die größte Kraft aber am besten zu gebrauchen, ist eine Sache, die schwerer zu bestimmen ist, und so lange wir hier noch keine Tafel über unsere Pflichten haben, wo sie nach ihrem Wert geordnet sind, so wird sich doch wohl schwerlich das *perfice te* mit einigem Nutzen anwenden lassen. Alsdann werden wir berechnen können, wenn wir jeder Handlung, die wir unternehmen, das, was darin Gott uns selbst und andere Geschöpfe angeht, die größte Summe geben.

Menschliche Philosophie überhaupt ist die Philosophie eines einzelnen gewissen Menschen durch die Philosophie der andern, selbst der Narren, korrigiert und dieses nach den Regeln einer vernüftigen Schätzung der Grade der Wahrscheinlichkeit. Sätze, worüber alle Menschen übereinkommen, sind wahr, sind sie nicht wahr, so haben wir gar keine Wahrheit. Andere Sätze für wahr zu halten, zwingt uns oft die Versicherung solcher Menschen, die in der Sache viel gelten, und jeder Mensch würde das glauben, der sich in eben den Umständen befände. Sobald dieses nicht ist, so ist eine besondere Philosophie und nicht eine, die in dem Rat der Menschen ausgemacht ist. Aberglaube selbst ist Lokalphilosophie, er gibt seine Stimme auch.

Wenn uns einmal ein höheres Wesen sagte, wie die Welt entstanden sei, so möchte ich wohl wissen, ob wir imstande wären, es zu verstehen. Ich glaube nicht. Von Entstehung würde schwerlich etwas vorkommen; denn das ist bloßer Anthropomorphismus. Es könnte gar wohl sein, daß es außer unserm Geist gar nichts gibt, was unserem Begriff von Entstehung korrespondiert, sobald er nicht auf Relationen von Dingen gegen Dinge, sondern auf Gegenstände an sich angewendet wird.

Geister ohne eine Welt außer ihnen müssen seltsame Geschöpfe scin, denn da von jedem Gedanken der Grund in ihnen liegt, so sind die seltsamsten Verbindungen von Ideen allzeit recht. Leute nennen wir rasend, wenn sich die Ordnung ihrer Begriffe nicht mehr aus der Folge der Begebenheiten in unsrer ordentlichen Welt bestimmen läßt, deswegen ist gewiß eine sorgfältige Betrachtung der Natur oder auch die Mathematik das sicherste Mittel wider Raserei. Die Natur ist sozusagen das Laufseil, woran unsere Gedanken geführt werden, daß sie nicht ausschweifen.

Wir nehmen Dinge wahr vermöge unsrer Sinnlichkeit. Aber was wir wahrnehmen, sind nicht die Dinge selbst, das Auge schafft das Licht und das Ohr die Töne. Sie sind außer uns nichts. Wir leihen ihnen dieses. Ebenso ist es mit dem Raume und der Zeit. Auch wenn wir die Existenz Gottes nicht fühlen, beweisen können wir sie nicht. Alle diese Dinge führen auf eines hinaus. Es ist aber nicht möglich, sich hiervon ohne tiefes Denken zu überzeugen. Man kann Kantische Philosophie in gewissen Jahren, glaube ich, ebenso wenig lernen als das Seiltanzen.

Anstatt daß sich die Welt in uns spiegelt, sollten wir vielmehr sagen, unsere Vernunft spiegele sich in der Welt. Wir können nicht anders, wir müssen Ordnung und weise Regierung in der Welt erkennen, dieses folgt aber aus der Einrichtung unserer Denkkraft. Es ist aber noch keine Folge, daß etwas, was wir notwendig denken müssen, auch wirklich so ist, denn wir haben ja von der wahren Beschaffenheit der Außenwelt gar keinen Begriff, also daraus allein läßt sich kein Gott erweisen ... [gekürzt]

Äußere Gegenstände zu erkennen, ist ein Widerspruch; es ist dem Menschen unmöglich, aus sich heraus zu gehen. Wenn wir glauben, wir sähen Gegenstände, so sehen wir bloß uns. Wir können von nichts in der Welt etwas eigentlich erkennen als uns selbst und die Veränderungen, die in uns vorgehen. Ebenso können wir unmöglich für andere *fühlen*, wie man zu sagen pflegt; wir fühlen nur für uns. Der Satz klingt hart, er ist es aber nicht, wenn er nur recht verstanden wird. Man liebt weder Vater, noch Mutter, noch Frau, noch Kind, sondern die angenehmen Empfindungen, die sie uns machen; es schmeichelt immer etwas unserem Stolze und unserer Eigenliebe. Es ist gar nicht anders möglich, und wer den Satz leugnet, muß ihn nicht verstehen. Unsere Sprache darf aber in diesem Stücke nicht philosophisch sein, so wenig als sie in Rücksicht auf das Weltgebäude kopernikanisch sein darf. Aus nichts leuchtet, glaube ich, des Menschen höherer Geist so stark hervor als daraus, daß er sogar den Betrug ausfindig zu machen weiß, den ihm gleichsam die Natur spielen wollte. Nur bleibt die Frage übrig: wer hat recht, der, welcher glaubt, er werde betrogen, oder der es nicht glaubt? Unstreitig hat der recht, der glaubt, er werde nicht betrogen. Aber das glauben auch beide Parteien nicht, daß sie betrogen werden. Sobald ich es weiß, so ist es kein Betrug mehr. Die Erfindung der Sprache ist vor der Philosophie hergegangen, und das ist es, was die Philosophie erschwert, zumal wenn man sie andern verständlich machen will, die nicht viel selbst denken. Die Philosophie ist, wenn sie spricht, immer genötigt, die Sprache der Unphilosophie zu reden.

Mit eben dem Grade von Gewißheit, mit dem wir überzeugt sind, daß etwas *in uns* vorgeht, sind wir auch überzeugt, daß etwas *außer uns* vorgeht. Wir verstehen die Worte *innerhalb* und *außerhalb* sehr wohl. Es wird wohl niemand in der Welt sein, auch wohl schwerlich je geboren werden, der nicht diesen *Unterschied* empfände; und das ist für die Philosophie hinreichend. Hierüber sollte sie nicht hinausgehen. Es ist doch alles unnütze Mühe und verlorne Zeit. Denn was auch die Dinge sein mögen, so ist doch wohl ausgemacht, daß wir schlechterdings nichts von ihnen wissen, als was in unseren Vorstellungen liegt. In dieser Rücksicht, die, wie ich glaube, richtig ist, ist doch wahrlich die Frage, ob die Dinge wirklich außer uns vorhanden und so vorhanden sind, wie wir sic sehen, völlig ohne Sinn. Ist es nicht sonderbar, daß der Mensch etwas zweimal haben will, wo er an einem genug hätte und notwendig genug haben muß, weil es von unsern Vorstellungen zu den Ursachen keine Brücke gibt? Wir können uns nicht gedenken, daß etwas ohne Ursache sein könne, aber wo liegt denn diese Notwendigkeit? Antwort: wiederum *in uns* bei völliger Unmöglichkeit, aus uns heraus zu gehen. Es liegt mir wahrlich wenig daran, ob man dieses Idealismus nennen will. Auf die Namen kommt nichts an. Es ist wenigstens ein Idealismus, der durch Idealismus anerkennt, daß es Dinge außer ihm gebe, und daß alles seine Ursachen habe. Was will man weiter? Es gibt ja keine andere Wirklichkeit für den Menschen, wenigstens für den Philosophen. Im gemeinen Leben beruhigt man sich mit Recht auf einer niedrigeren Station. Aber ich glaube nach völliger Überzeugung: man muß entweder von diesen Gegenständen mit aller Philosophie völlig wegbleiben oder so philosophieren. Nach dieser Vorstellung sieht man leicht, wie recht Herr Kant hat, Raum und Zeit für bloße Formen der Anschauung zu halten. Es ist nicht anders möglich.

Eine der größten Stützen für die Kantische Philosophie ist die *gewiß wahre* Betrachtung, daß wir ja auch so gut etwas sind, als die Gegenstände außer uns. Wenn also etwas auf uns wirkt, so hängt die Wirkung nicht allein von dem wirkenden Dinge, sondern auch von dem ab, auf welches gewirkt wird. Beide sind, wie bei dem Stoß, tätig und leidend zugleich; denn es ist unmöglich, daß ein Wesen die Einwirkungen eines andern empfangen kann, ohne daß die Hauptwirkung gemischt erscheine. Ich sollte denken, eine bloße Tabula rasa ist in dem Sinne unmöglich, denn durch jede Einwirkung wird das einwirkende Ding modifiziert, und das, was ihm abgeht, geht dem andern zu und umgekehrt.

Was heißt mit *Kantischem Geist* denken? Ich glaube, es heißt, die Verhältnisse unsers Wesens, es sei nun was es wolle, gegen die Dinge, die wir *außer uns* nennen, ausfindig machen; das heißt, die Verhältnisse des Subjektiven gegen das Objektive bestimmen. Dieses ist freilich immer der Zweck aller gründlichen Naturforscher gewesen, allein die Frage ist, ob sie es je so wahrhaft philosophisch angefangen haben als *Hr. Kant.* Man hat das, was doch schon subjektiv ist und sein muß, für objektiv gehalten.

Die Kantische Philosophie mag ein Reich aufrichten, was für eines sie will, so wird sie doch, wenn sie nicht zu alten, bekannten Lappereien herabsinken will, zugeben müssen, daß unseren Vorstellungen etwas in der Welt korrespondiert.

Die Welt ist nicht da, um von uns erkannt zu werden, sondern uns in ihr zu bilden. Das ist eine Kantische Idee.

Naturwissenschaften

Die geheimen Würkungen der Natur beurteilt man aus solchen ähnlichen, wo man sie auf der Tat ertappt hat.

Die Prüfung der Begebenheiten ist ein reiches Feld für einen denkenden Geist, aber sind die Untersuchungen auch immer wichtig genug? Verdient es auch das bißchen Gold, das die Stufe enthält, daß man die mühsame Scheidung vornehme? –

Gehe zur Mathematik, dort hast du nicht zu befürchten, daß durch einen Irrtum ein gefährlicher Indifferentismus dir deine Entschließungen lähme!

Die Astronomie ist vielleicht diejenige Wissenschaft, worin das wenigste durch Zufall endeckt worden ist, wo der menschliche Verstand in seiner ganzen Größe erscheint, und wo der Mensch am besten kennen lernen kann, wie klein er ist.

Die Mathematik hat die großen Fortschritte, die man in ihr gemacht hat, ihrer Independenz von allem, was nicht bloß Größe ist, allein zu danken. Also alles, was nicht Größe ist, ist ihr völlig fremd. Da sie sich also nur mit dem allein beschäftigt und keiner fremden Hilfe bedarf, sondern nur allein Entwicklung der Gesetze des menschlichen Geistes ist, so ist sie nicht allein die gewisseste und zuverlässigste aller menschlichen Wissenschaften, sondern auch gewiß die *leichteste.* Alles was zu ihrer Erweiterung dienen kann, ist alles in dem Menschen selbst. Die Natur richtet jeden klugen Menschen mit dem vollständigen Apparat aus, wir bekommen ihn zur Aussteuer mit. Eben dadurch wird sie die leichteste aller Wissenschaften insofern, als wir in keiner andern so weit gehen zu können nur hoffen dürfen. Denn der, der den 47sten Satz im ersten Buch des Euklid beweisen kann, ist doch schon sehr viel weiter in der Entwicklung, dieser Gesetze des menschlichen Geistes oder der Größe, als man irgend in Physik gekommen ist. NB. Aber wer will hier Größe oder Skale festsetzen? Indessen scheint es denn doch, daß uns das Nützliche überall ziemlich nahe liege. Auf diese Weise müßte nunmehr die Gewißheit der menschlichen Wissenschaften untersucht werden.

Die Bemühung, ein allgemeines Principium in manchen Wissenschaften zu finden, ist vielleicht öfters ebenso fruchtlos, als die Bemühung derjenigen sein würde, die in der Mineralogie ein erstes Allgemeines finden wollten, durch dessen Zusammensetzung alle Mineralien entstanden seien. Die Natur schafft keine Genera und Species, sie schafft Individua, und unsere Kurzsichtigkeit muß sich Ähnlichkeiten aufsuchen, um vieles auf einmal behalten zu können. Diese Begriffe werden immer unrichtiger, je größer die Geschlechter sind, die wir uns machen.

Newton hat die Farben zu scheiden gewußt. Wie wird der Psycholog heißen, der uns sagen wird, woraus die Ursachen unsrer Handlungen zusammengesetzt sind? Die meisten Dinge, wenn sie uns merklich werden, sind schon zu groß, ob ich den Keim in der Eichel mit dem Mikroskop oder den 200-jährigen Baum mit bloßen Augen ansehe, so bin ich gleich weit vom Anfang. Das Mikroskop dient nur, uns noch mehr zu verwirren. So weit wir mit unsern »Tubis« reichen können, sehen wir Sonnen, um die sich wahrscheinlich Planeten drehen; daß in unsrer Erde so etwas vorgeht, davon überführt uns die Magnetnadel. Wie wenn sich dieses noch weiter erstreckte, wenn sich in dem kleinsten Sandkörnchen ebenso Stäubchen um Stäubchen drehten, die uns so zu ruhen scheinen, wie die Fixsterne? Es könnte ein Wesen geben, dem das uns sichtbare Weltgebäude wie ein glühender Sandhaufen vorkäme. Die Milchstraße kann ein organischer Teil sein. Inwieferne ließe sich die Vegetation aus diesem System erklären? Es gibt nur eine einzige grade Linie, aber eine unendliche Menge krummer. Wenn sich also ein Körper bewegt, so läßt sich eine unendliche Summe gegen eins setzen, daß es eine krumme sei, und für jede Krümmung läßt sich ein Mittelpunkt angeben. Da sich eine zirkelförmige Bewegung in der Welt am längsten erhält, wie wir an den Planeten sehen, sowohl an ihren Bewegungen um die Achse als um die Sonne und Hauptplaneten, so könnte alle Bewegung in der Welt daher ihren Ursprung nehmen. Das Licht allein scheint hiervon eine Ausnahme zu machen, da es aber vermutlich schwer ist, so wird es doch gebogen. Da schon große Meßkünstler angenommen haben, daß sich dieses ganze System um einen uns unsichtbaren Körper drehe, warum könnte unsere Erdkugel nicht ein solches System von Fixsternen sein? Hier sitzen wir in einer solchen Sandkugel. Unsere Erde ist uns freilich das Sonderbarste, so wie unsere Seele die sonderbarste Substanz, weil wir jene allein selbst bewohnen und diese allein selbst sind. Wenn wir nur einen Augenblick einmal etwas anderes sein könnten! Was würde aus unserm Verstand werden, wenn alle Gegenstände das wirklich wären, wofür wir sie halten?

Erziehung

Man soll alle Menschen gewöhnen von Kindheit an in *große* Bücher zu schreiben, alle ihre Exercitia, in hartes Schweinsleder gebunden. Da sich kein Gesetz daraus machen läßt, so muß man Eltern darum bitten, wenigstens mit Kindern, die zum Studieren bestimmt sind. Wenn man jetzt Newtons Schreibbücher hätte! Wenn ich einen Sohn hätte, so müßte er gar kein Papier unter Händen bekommen als eingebundenes. Zerrisse er es, oder besudelte er es, so würde ich mit väterlicher Tinte dabei schreiben: dieses hat mein Sohn anno den . . . ten besudelt. Man läßt den Körper und Seele, das punctum saliens der Maschine, fortwachsen und verschweigt und vergißt es. Die Schönheit wandelt auf den Straßen, warum sollten nicht in dem Familienarchiv die Produkte oder vielmehr die Signaturen der Fortschritte des Geistes hinterlegt bleiben und der Wachstum dort *ebenso sichtbar* aufbewahrt liegen können? Der Rand müßte gebrochen werden und auf einer

Seite immer die Umstände, und zwar sehr unparteiisch, geschrieben werden. Was für ein Vergnügen würde es mir sein, jetzt meine Schreibbücher alle zu übersehen! Seine eigne Naturgeschichte! Man sieht jetzt immer, was man ist, und sehr schwach, was man war. Man müßte den eigentlichen Gegenstand der Sammlung, die Dinge, nicht zu oft sehen lassen. Vielleicht nur erst spät sehen lassen, das übrige müßte er bloß aus Relationen kennen. Man hebt die Kinderhäubchen auf, und ich habe öfters selbst den Zusammenkünften mit beigewohnt, da man einem sehr großen, besoldeten und ansehnlichen Kopf sein Kinderhäubchen wies. Warum nicht ebenso mit Werken des Geistes? Die Eltern könnten eine solche Sammlung von Bänden ebenso aufbewahren wie ihr Kind; denn es ist der Spiegel desselben. Wie sie seinen Leib zu bilden haben, lehrt sie ihr Auge; wie seinen Geist, der Anblick dieser Bände. Vom vierten Jahre, glaube ich, könnte man anfangen. Kein Band müßte verloren werden. Denn das Papier müssen sie doch bezahlen, und das Aufbehalten macht keine Schwierigkeiten. Ich wüßte nicht, welches angenehmer und nützlicher wäre, die Bewegung aller Planeten zu kennen oder *diese* Annalen einiger vorzüglicher Menschen. Die Welt würde dadurch sehr gewinnen.

Man hat in den finsteren Zeiten oft sehr große Männer gesehen. Dort konnte nur groß werden, wen die Natur besonders zum großen Manne gestempelt hatte. Jetzt, da der Unterricht so leicht ist, richtet man die Menschen ab zum Großwerden, so, wie man den Hunden das Apportieren beibringt, dadurch man eine neue Art von Genies entdeckt, nämlich die große Abrichtungsfähigkeit, und dieses sind die Menschen, die uns den Handel hauptsächlich verderben. Es wird ein gewisses Wissen allgemeiner gemacht, aber ... und solche Leute können oft das eigentliche Genie verdunkeln oder wenigstens hindern, gehörig hervorzukommen.

Sogar aus den Hunden läßt sich etwas machen, wenn man sie recht erzieht, man muß sie nur nicht mit vernünftigen Leuten, sondern mit Kindern umgehen lassen, so werden sie menschlich. Dieses ist eine Bestätigung von meinem Satz, daß man Kinder immer zu Leuten halten müsse, die nur *um ein weniges* weiser sind als sie selbst.

Es ist die Frage, ob man nicht, Denker zu ziehen, die Kinder alles auf das Letzte hinaus untersuchen lassen muß, selbst bis auf Eigenschaften, die nicht mehr in die Sinne fallen, als sie mit vielerlei bekannt machen.

Wenn man nur die Kinder dahin erziehen könnte, daß ihnen alles Undeutliche völlig unverständlich wäre.

Man muß die Kinder in einen Korb sperren, aber ihnen den Korb so angenehm machen als möglich, das heißt, wer ein großer Violinenspieler werden soll, muß täglich 8 Stunden geigen, von der Zeit an, da er eine Geige halten kann, u. s. w. Das ist der Korb, aus dem er nicht darf, allein darin muß ihm alles sehr erleichtert werden.

Es ist in der Tat verkehrt, wenn man unsern Kindern alles mit Liebe beibringen will, da in dem höheren Leben, wenn wir älter werden, uns das Wenigste zu Gefallen geht und wir uns immer unter einen Plan demütigen müssen, den wir nicht übersehen. Also: je eher je lieber zu jenem künftigen Leben gewöhnt!

Ich wünsche ein Kind zu haben, das ich mir ganz eigen machen könnte; ich wollte es zu allem anhalten, wovon ich jetzt zu spät einsehe, daß ich es versäumt habe. Die Eltern halten ihre Kinder nicht genug zu dem an, was sie nun erkennen müssen, versäumt zu haben. Überhaupt glaube ich, daß es sehr wenige Lehrer gibt, die so unterrichten, daß sie das zu vermeiden lehren, was sie selbst, wenn sie bei jetzigem Verstande jung wären, vermeiden würden zu lernen.

Es ist ein schlechter Lohn, wenn ein Junge, auf den man etwas verwandt hat, am Ende ein Poet wird. Ein Viertelstündchen Nachtmusik für einen jahrelangen Dienst. Eltern, die bemerken, daß ihr Junge ein Poet von Profession werden will, sollten ihn so lange peitschen, bis er das Versemachen aufgibt, oder bis er ein großer Dichter wird.

Ein kluges Kind, das mit einem närrischen erzogen wird, kann närrisch werden. Der Mensch ist so perfektibel und korruptibel, daß er aus Vernunft ein Narr werden kann.

Ein Schullehrer und Professor kann keine Individuen erziehen, er erzieht bloß Gattungen. Ein Gedanke, der sehr viele Beherzigung und Auseinandersetzung verdient.

Wie perfektibel der Mensch ist und wie nötig Unterricht, sieht man schon daraus, daß er jetzt in 60 Jahren eine Kultur annimmt, worüber das ganze Geschlecht 5000 Jahre zugebracht hat. Ein Jüngling von 18 Jahren kann die Weisheit ganzer Zeitalter in sich fassen. Wenn ich den Satz lerne: *Die Kraft, die im geriebenen Bernstein zieht, ist dieselbe, die in den Wolken donnert,* welches sehr bald geschehen kann, so habe ich etwas gelernt, dessen Erfindung den Menschen einige tausend Jahre gekostet hat.

Die Griechen verdarben, möchte ich fast sagen, nicht die schönste Zeit ihrer Jugend mit Erlernung von *toten Sprachen,* und sie lernten die Sprachen, die sie nötig hatten, durch die Sachen und nicht, wie wir, umgekehrt in unzähligen Dingen die Sachen durch die Wörter. Plutarch war schon ziemlich bei Jahren, als er Latein lernte.

Wir können gar nichts von der Seele sehen, wenn sie nicht in den Mienen sitzt. Die Gesichter einer großen Versammlung von Menschen könnte man eine Geschichte der menschlichen Seele nennen, mit einer Art von chinesischen Zeichen geschrieben. Die Seele legt, so wie der Magnet den Feilstaub, so das Gesicht um sich herum, und die Verschiedenheit der Lage dieser Teile bestimmt die Verschiedenheit dessen, das sie ihnen gegeben hat. Je länger man Gesichter beobachtet, desto mehr wird man an den sogenannten nichtsbedeutenden Gesichtern Dinge wahrnehmen, die sie individuell machen.

Wir haben keine deutliche Vorstellung vom menschlichen Gesicht, und das macht es so schwer, Physiognomik zu lehren; die Regeln enthalten immer nur Beziehungen einzelner Teile auf den Charakter. Das Gesicht eines Mannes, der mich einmal betrogen hat z. E., kenne ich so genau, sehe es so deutlich vor mir, daß ich in einem andern, ihm ähnlichen Gesicht die geringste Abweichung so schnell bemerke, als wären sie ganz verschieden, obgleich ich nicht imstande bin, mit Worten auszudrücken, wo es liegt, und noch weniger, es zu zeichnen, und doch werde ich aus der größern oder geringeren Ähnlichkeit, die andere Leute mit jenem haben, auf ihren Charakter schließen, weil sich die Vorstellung der Betrügerei mit jener Sensation assoziiert hat. Ein Zug im Gesicht wird sich nicht so leicht mit der Vorschrift assoziieren als mit der Handlung. Ich habe immer gefunden, daß Leute von mittelmäßiger Weltkenntnis die sind, die sich am meisten von einer künstlichen Physiognomik versprechen. Leute von großer Weltkenntnis sind die besten Physiognomen, und die am wenigsten von den Regeln erwarten. Die Ursache ist leicht anzugeben.

Unsere Empfindung ist sicherlich nicht der Maßstab für die Schönheit des unübersehbaren Plans der Natur.

Dieses unbegreifliche Wesen, das wir selbst sind, und das uns noch weit unbegreiflicher vorkommen würde, wenn wir ihm noch näher kommen könnten, als wir selbst sind, muß man nicht auf einer Stirne finden wollen.

Von allem, was ich über Physiognomik geschrieben habe, wünsche ich bloß, daß zwei Bemerkungen auf die Nachwelt kämen. Es sind ganz einfältige Gedanken, und niemand wird mich darum beneiden. Der eine, daß ich die Ähnlichkeit zwischen Physiognomik und Prophetik erkannt habe; der andere, daß ich überzeugt gewesen bin, die Physiognomik werde in ihrem eigenen Fette ersticken.

Wir können beim Anblick einer Sache uns nicht enthalten, wenigstens etwas von der Sache zu urteilen, auch dieses tun wir bei Menschen. Darauf hat einer eine Physiognomik gebaut.

Es wäre kein übler Gedanke, wenn jemand die Stellen aus Lavaters Physiognomik, wo er von seiner geringen Einsicht in physiognomische Dinge und Unerfahrenheit spricht, sammelte und besonders drucken ließe, als Testimonia eines Mannes, der Herrn Lavatern genau kenne. Man könnte diesen Gedanken ausführen in einem Brief: Schreiben eines Zürchers, Herrn Lavaters physiognomische Einsichten betreffend.

Wenn innere Besserung des Herzens und des inneren Menschen eine Besserung der Gesichtszüge nach sich zöge, und daß man sich durch ein vernünftiges und christliches Leben ein Lavatersches Christusgesicht ziehen könnte, so ließe ich

Physiognomik gelten. Auch glaube ich, wenn es des Schöpfers Absicht gewesen wäre, den Menschen endlich eine solche Einsicht zu verstatten, so hätte er in die Form mehr Veränderlichkeit gelegt. Wie kann Rotwerden aus der Assoziation der Ideen und der Anatomie erklärt werden?

Herr Lavater sollte einen Kopf von Gips verfertigen lassen, der nach seiner Vorstellung das größte Muster von Geist und Herz ausdrückt, so könnte man hernach die übrigen nach den Abweichungen von demselben schätzen.

Er hat eine Seite herunter geLavatert.

Ins Englische, ins Französische, ins Lavaterische.

Wird nicht Lavater auch aus dem Kamel auf die Bucklichten und vice versa schließen?

Literatur- und Sprachkritik

Wer nicht so schreiben kann, daß die Philosophen Regeln davon abstrahieren müssen, der lasse es. Ist wohl je ein Dichter durch Regeln geworden? Was helfen der Nessel die Regeln für die Zeder? Die Philosophen, die Aesthetiker, kann man als Physiologen ansehen. So wenig die höchste Kenntnis dessen, was zu einem vollkommenen Menschen gehört, den Besitzer dieser Kenntnisse in den Stand setzt, einen vollkommenen Menschen zu machen, so wenig werden auch die Regeln einen Dichter machen. Für den Philosophen und für Kenntnis der menschlichen Natur sind diese Untersuchungen in sehr hohem Grade wichtig, dieses wird niemand leugnen.

Kein Schriftsteller muß je glauben, daß das, was einer gemischten Gesellschaft gefällt, deswegen der Welt gefalle. Die kleine Gesellschaft hat alle erforderlichen Mittel, einen Gedanken in allen seinen Relationen zu betrachten, sie kann aus der Gelegenheit und Umständen die Zeit messen, die der Urheber brauchte, ihn hervorzubringen. Die Vergleichung der Zeit oder anderer Umstände mit dem inneren Gewicht des Gedankens könnte man sein Moment nennen, und man sieht, daß ein schlechter Gedanke zuweilen ein großes Moment bekommen, wenn er unerwartet kommt, dabei nicht viel Zeit kann gekostet haben. Die Welt schätzt bloß das Werk nach dem Gewicht, nicht nach der Zeit, worin es ist zustande gebracht worden. Wüßte der Leser die Umstände genau, so würde der Gedanke nichts verlieren, es ist aber höchst ungereimt, zu glauben, daß dasjenige, was ich einer Gesellschaft sage, die ich kenne, eben die Wirkung auf ein ganzes Publikum haben soll, das ich doch nicht kenne.

In die Welt zu gehen, ist deswegen für einen Schriftsteller nötig, nicht sowohl damit er viele Situationen sehe, sondern selbst in viele komme.

Das, was man wahr empfindet, auch wahr auszudrücken, das heißt mit jenen kleinen Beglaubigungszügen der Selbstempfindung, macht eigentlich den großen Schriftsteller. Die gemeinen bedienen sich immer der Redensarten, das immer Kleider vom Trödelmarkt sind.

In den Schriften berühmter Schriftsteller, aber mittelmäßiger Köpfe findet man immer höchstens das, was sie einem zeigen wollen, da in den Schriften des systematischen Denkers, der alles mit seinem Geiste umfaßt, man immer das Ganze sieht, und wie jedes zusammenhängt. Erstere suchen und finden ihre Nadel bei dem Licht eines Schwefelhölzchens, das nur an der Stelle leuchtet und kümmerlich, wo es sich befindet, da die anderen ein Licht anzünden, das sich über alles erstreckt.

Es kömmt so außerordentlich viel darauf an, wie etwas gesagt wird, daß ich glaube, die gemeinsten Dinge lassen sich so sagen, daß ein anderer glauben müßte, der Teufel hätte es einem eingegeben.

Was eigentlich den Schriftsteller für den Menschen ausmacht, ist beständig zu *sagen,* was vorzüglichste Menschen oder überhaupt der größte Teil denkt oder fühlt, ohne es zu wissen; die mittelmäßigen sagen nur, was jeder würde *gesagt* haben. Hierin besteht ein großer Vorteil zumal der dramatischen und Romanendichter.

Zu Aufweckung des in jedem Menschen schlafenden Systems ist das Schreiben vortrefflich, und jeder, der je geschrieben hat, wird gefunden haben, daß Schreiben immer etwas erweckt, was man vorher nicht deutlich erkannte, obgleich es in uns lag.

Es gibt etwas in uns, das beinahe so schwer abzulegen ist als der alte Adam, das uns immer zum Künstlichen und dem Künstlichen so nahe verwandten Schlechten treibt, und was ist das? Antwort: Wir werden nicht angehalten, individua im Denken zu werden. Wir lesen zu früh. Gesetzt, es seien auch die alten Schriftsteller, wie soll man ein Kind verhindern, daß es nicht bloß lernt, wie Herder sagt, denken, was die Alten dachten, sondern so denken, wie sie dachten. Liberty and property, darauf müssen wir halten. Der Mensch schreibt absolut immer gut, wenn er sich schreibt, aber der Perückenmacher, der wie Gellert schreiben will . . ., der den Winckelmann im Stil affektiert und in die Chrie zu gehen kommt, schreibt schlecht. Warum ergötzt der niedersächsische Bauer durch seine plattdeutschen Naivitäten so oft den Kenner des Schönen, und der junge Theolog nicht, der uns mit wehmütiger Stimme *durch lautre sichtbare Finsternis nach Golgatha hinleuchten und uns den Gekreuzigten anstaunen lassen will?*

Es ist ein Fehler, den der bloß witzige Schriftsteller mit dem ganz schlechten gemein hat, daß er gemeiniglich seinen Gegenstand eigentlich nicht erleuchtet, sondern ihn nur dazu braucht sich selbst zu zeigen. Man lernt den Schriftsteller kennen und sonst nichts. So hart es auch zuweilen widergehen sollte, eine witzige Periode wegzulassen, so muß es doch geschehen, wenn sie nicht notwendig aus der Sache fließt. Diese Kreuzigung gewöhnt allmählich den Witz an die Zügel, die ihm die Vernunft anlegen muß, wenn sie beide zusammen mit Ehren auskommen sollen.

Die Komödie bessert nicht unmittelbar, vielleicht auch die Satire nicht, ich meine, man legt die Laster nicht ab, die sie lächerlich macht. Aber das können sie tun, sie vergrößern unsern Gesichtskreis, vermehren die Anzahl der festen Punkte, aus denen wir uns in allen Vorfällen des Lebens geschwinder orientieren können.

Der Reim ist etwas, das mehr den nördlichern Ländern eigen ist, so wie das Silben-Maß mehr in den südlichern verehrt wurde, bei diesen ist alles Musik, da bei jenen nur zuweilen, aber desto stärker die Kunst und die Harmonie sichtbar wird; ich zweifle nicht, daß die Griechen und Römer nicht mannigmal auf Reime verfallen seien, es war aber dieses Künstliche ihnen allzu fühlbar und ihnen daher verhaßt, so wie uns die Reime: *schmetterte* und *kletterte*, dahingegen ihr zärteres Ohr schon eher Füße zählen konnte als wie unseres, das sich daher ein fühlbares Silbenmaß, den Reim, erfand.

Daher haben die alten deutschen Verse oft nur Reime und fast gar kein Metrum.

Die Vorschriften, wie man Verse machen soll, mögen an sich gut sein und Kenntnisse verraten, aber mir kommen sie immer vor wie des sonst vortrefflichen Sir Kenelm Digby Rezept, Krebse zu machen: Man soll einige alte Krebse nehmen, klein stoßen und Wasser darüber gießen.

Das *Gedicht* ist eine lebhafte bildliche Darstellung der Handlung und Empfindung.

Bei vielen Menschen ist das Versemachen eine Entwicklungskrankheit des menschlichen Geistes.

Was hilft das Lesen der Alten, sobald ein Mensch den Stand der Unschuld einmal verloren hat und, wo er hinsieht, überall ein System wieder erblickt? Daher urteilt der mittelmäßige Kopf, es sei leicht wie Horaz zu schreiben, weil [er] es für leicht hält, besser zu schreiben, und weil dieses ›besser‹ zum Unglück *schlechter* ist. Je älter man wird (vorausgesetzt, daß man mit dem Alter weiser werde), desto mehr verliert man die Hoffnung, besser zu schreiben als die Alten. Am Ende sieht man, daß das Eichmaß alles Schönen und Richtigen die Natur ist, daß wir dieses Maß alle in uns tragen, aber so überrostet von Vorurteilen, von Wörtern, wozu die Begriffe fehlen, von falschen Begriffen, daß sich nichts mehr damit messen läßt.

Heutzutage machen drei Pointen und eine Lüge einen Schriftsteller.

Es sind zuverlässig in Deutschland mehr Schriftsteller, als alle vier Weltteile überhaupt zu ihrer Wohlfahrt nötig haben.

Wir haben heutzutage eine ganze Menge sogenannter feiner Köpfe (nicht großer Geister). Es sind aber dieses nicht sowohl Leute, die groß in der ganzen Anlage ihres Geistes, und zwar ursprünglich sind, sondern bei den meisten ist die Feinheit eine Schwächlichkeit, Hypochondrie, eine kränkliche Empfindlichkeit. Ein solcher Gelehrter ist zu feinen Bemerkungen aufgelegter als andere Menschen, stiftet aber (in) dem Reich der Gelehrsamkeit selten so viel Nutzen, glaubt viel ausrichten zu können, wenn er nur erst wollte, will aber niemals. Diese Leute bilden sich leicht nach allem, wenn sie lauter Gutes lesen. So schreiben sie ziemlich gut, sie sind aber allzeit weit entfernt von der sicheren Richtigkeit der Alten, deren Genie der gesunden und festen Reife einer Frucht und nicht der welken wurmstichigen, wiewohl oft schönfarbigten einiger neueren gleicht.

Die Zeitungsschreiber haben sich ein hölzernes Kapellchen erbaut, das sie auch den Tempel des Ruhms nennen, worin sie den ganzen Tag Porträts anschlagen und abnehmen und ein Gehämmer machen, daß man sein eignes Wort nicht hört.

Unter die größten Entdeckungen, auf die der menschliche Verstand in den neuesten Zeiten gefallen ist, gehört meiner Meinung nach wohl die Kunst, Bücher zu beurteilen, ohne sie gelesen zu haben.

Es ist ein Vorurteil unseres Jahrhunderts in Deutschland, daß das Schreiben so zum Maßstab des Verdienstes gediehen ist. Eine gesunde Philosophie wird vielleicht dieses Vorurteil nach und nach vertreiben.

Wenn sie die Wahrheit in der Natur gefunden haben, so schmeißen sie sie wieder in ein Buch, wo sie noch schlechter aufgehoben ist.

Die große Regel: Wenn dein Bißchen an sich nichts Sonderbares ist, so sage es wenigstens ein bißchen sonderbar.

Wir hätten jetzt in Deutschland allein an die 2000 Originalköpfe. Nun was ist denn? Ist es etwa einem Lande eine Schande, viele Originalköpfe zu haben? Nein, damit ihr es wißt, wir haben über 10 000. Ehemals, setzen sie mit einem Satirgesicht hinzu, ehemals in den dummen Zeiten des alten Griechenlands und Roms, zählte man kaum 3 in 100 Jahren. Freilich höchst ungereimt, wenn man annimmt, daß die Alten uns in allem überlegen waren, allein nichts ist leichter zu erklären, sobald man annimmt daß unsere Zeiten viele tausendmal erleuchteter sind als jene. Ja, ich will am Ende ein Mittel bekannt machen, wie jeder Mensch gleichsam spielend originell schreiben könne, ja wie er sogar, wenn er nicht Zeit hat, seine Frau es für sich kann tun lassen.

Gewiß kann in Deutschland nichts der Aufmerksamkeit eines satirischen Kopfs würdiger sein als der jetzt so allgemeinen gewordene lächerliche Eifer, original zu sein. Es gehen über diesem Bemühen die besten Köpfe zu Grunde, und der Deutsche vernachlässigt diejenigen Wissenschaften, wozu ihn die Natur hauptsächlich bestimmt zu haben scheint, das Klarmachen in der Philosophie und der höheren Geschichte.

Da sitzen sie, legen die Hände zusammen, ohne die Augen aufzutun, und wollen warten, bis ihnen der Himmel einen Shakespeare-Geist gibt. Verlaßt euch nicht darauf, daß Shakespeare geboren worden ist. So tröstet der Teufel die Ochsen. Shakespeare hat keine Offenbarungen gehabt. Alles, was er euch sagt, hat er gelernt oder erfahren, also, um wie Shakespeare zu schreiben, muß man lernen und erfahren, sonst wird nichts daraus, wenn Ihr auch gleich eure Werke den seinigen so ähnlich haltet als ein Ei dem anderen. Der,

der über euch ist, sieht den Unterschied augenblicklich, sobald er an seiner Sonne genießen will, was Ihr bei Eurer Lampe angerichtet habt. Shakespeare wartete vor der Tür des Komödienhauses auf und machte sich Geld damit, das wissen wir. Was tat er für das Geld? Nicht wahr, [er] ging hin und studierte die Alten, blätterte sich die Lippen trocken hinter den Wörterbüchern und machte Auszüge? Nicht wahr? und wurde Hofmeister, sah gelb aus, wurde Professor, empfahl die Alten wieder, spitzte Stubenmaximen zu usw? Nein, er verzehrte sein Geld auf englischen Kaffeehäusern, speiste in einem Chophaus (an) öffentlichen Plätzen, und das in einer Nation, die stolz darauf ist, ihre Neigungen nicht zu verbergen. Dort lernte er die Sprache der Alten verstehen, und alsdann las er sie in einer Übersetzung, die er leicht verbessern konnte. Der Grund von allem ist die Beobachtung und Kenntnis der Welt, und man muß viel selbst beobachtet haben, um die Beobachtungen anderer so gebrauchen zu können, als wenn es eigne wären, sonst liest man sie nur, und sie gehen ins Gedächtnis, ohne sich mit dem Blut zu vermischen. Alles Lesen der Alten ist vergeblich, wenn es nicht so getrieben wird. Wir sehen das an unsern jungen Leuten, bei denen Studium der Alten das rechte Losungswort ist, sie empfehlen sie ewig, und wenn sie schreiben, so ist es wieder Kandidatenprose vor wie nach.

Grade das Gegenteil tun ist auch eine Nachahmung, und die Definitionen der Nachahmung müßten von Rechts wegen beides unter sich begreifen. Dieses sollten unsere großen nachahmenden Originalköpfe in Deutschland beherzigen.

Zu einem jeden Handwerk wird eine gute Zeit Lehrjahre erfordert. Ich zweifle aber gar nicht daran, daß unsere Genies ebenso schnell sich ins Schuhmacherhandwerk werfen könnten, als sie sich in das Fach der Kritik werfen, sie bedenken aber nicht, daß sie für Leute von Geschmack weit schlechtere Kritiken machen, als sie für ihre eignen Augen Schuhe machen. Sie sollten bedenken, daß es Leute gibt, die ebenso schnell und dabei richtig von einem Werk des Witzes urteilen als andere von einem Schuh. Ich habe eine Menge Leute gekannt, die Klopstockische Oden sangen, aber nur wenige, die mittelmäßig zeichneten.

Es ist eine wahrhafte Schande für unsere Zeiten, daß man einen armseligen Dichter zuweilen, der das Glückskapital des menschlichen Geschlechts nicht um einen Heller vermehrt, ja wohl gar noch vermindert, bis in den Himmel erhebt und den Namen eines solchen Mannes, wie der ehemalige General-Auditeur Griesbach in Hannover, mit den Leuten hinsterben läßt, in deren Andenken er noch lebt. Ich glaube 500 Narren wie Goethe sind noch keinen einzigen Griesbach wert.

Götz von Berlichingen wird so wenig in Drurylane aufgeführt werden, als je die Kardinäle einen Landesvater in der Peterskirche machen werden.

Ich glaube nicht, daß unter der sogenannten studierenden deutschen Jugend die Summe leerer Köpfe je größer gewesen ist als jetzt. Dieses ist die Ursache, warum es so viel junge Werther gibt, nicht weil das Buch meistermäßig geschrieben ist, sondern weil man solche Schafengel brauchen kann, wozu man will. Sie gehen ihrem Wirt, ohne zu bezahlen, durch und weinen über Gellerts Grab, sie zeichnen Silhouetten und wittern Golgathas Tau. Ein protestantischer metaphernmächtiger Gaßner könnte sie brauchen, Teufel einzunehmen oder auszutreiben, und Hankock, zu Stäben eine Spitzbubenrepublik abzustecken. Es ist kein Charakter. Indolenz, Unverstand und Unerfahrenheit in allem, was ernste

Wissenschaft heißt, hat sie stumpf gemacht zu allem außer der Spekulation über den Trieb, aus dem haben sie sich eine Naturhistorie geschaffen, eine Ästhetik, eine Philosophie, da suchen sie allen Adel der Seele und den Himmel auf der Welt.

Wer seine Talente nicht zur Belehrung und Besserung anderer anwendet, ist entweder ein schlechter Mann oder äußerst eingeschränkter Kopf. Eines von beiden muß der Verfasser des leidenden Werthers sein.

Es trägt nicht wenig zu dem heutigen Verfall ernster Wissenschaften bei, daß man ein gewisses Wertherisches Schwärmen in der Liebe für das Zeichen eines großen Gefühls und den unwidersprechlichen Befehl der allgütigen Natur hält.

Empfindsam zu schreiben, dazu ist mehr nötig als Tränen und Mondschein.

Oden, wenn man sie liest, so gehen einem mit Respekt zu sagen, Nasenlöcher und Zehen auseinander.

Klopstocks Messias kann nur, dünkt mich, alsdann schwer scheinen, wenn man das darin finden will, was das Geschrei der Zeitungsschreiber und der Barden hinein gelegt hat. Mir kommt es vor, als wenn das Gedicht nicht zu schwer, sondern zu leicht, *oder deutlicher,* nicht zu tief, sondern zu seicht wäre.

Die Beweiser, da nichts zu beweisen ist. Es gibt eine Art von leerem Geschwätz, dem man durch Neuigkeit des Ausdrucks, unerwartete Metaphern das Ansehen von Fülle gibt. Klopstock und Lavater sind Meister darin. Im Scherz geht es an. Im Ernst ist es unverzeihlich.

»Empfindsam schreiben« heißen die Herren immer von Zärtlichkeit, Freundschaft und Menschenliebe reden. Ihr Schöpse, hätte ich bald gesagt, das ist nur ein Ästchen des Baumes. Ihr sollt den Menschen überhaupt zeigen, den zärtlichen Mann und den zärtlichen Gecken, den Narren und den Spitzbuben, den Bauer, den Soldaten, den Postillion, alle wie sie sind, das heiß ich empfindsam schreiben. Was ihr schreibt, ist uns nicht sowohl verhaßt als euer ewiges Fiddeln auf einer und derselben Saite. Der Mensch besteht doch noch aus etwa mehr als Testikeln.

Es ist ein ganz unvermeidlicher Fehler aller Sprachen, daß sie nur Genera von Begriffen ausdrücken und selten das hinlänglich sagen, was sie sagen wollen. Denn wenn wir unsere Wörter mit den Sachen vergleichen, so werden wir finden, daß die letzteren in einer ganz anderen Reihe fortgehen als die ersteren. Die Eigenschaften, die wir an unserer Seele bemerken, hängen so zusammen, daß sich wohl nicht leicht eine Grenze wird angeben lassen, die zwischen zweien wäre. Die Wörter, womit wir sie ausdrücken, sind nicht so beschaffen, und zwei aufeinander folgende und verwandte Eigenschaften werden durch Zeichen ausgedrückt, die uns keine Verwandtschaft zu erkennen geben. Man sollte die Wörter philosophisch deklinieren können, das ist: ihre Verwandtschaft von der Seite durch Veränderungen angeben können. In der Analyse nennt man einer Linie a unbestimmtes Stück x, das andere nicht y wie im gemeinen Leben, sondern a - x. Daher hat die mathematische Sprache so große Vorzüge für der gemeinen.

Die wahre Bedeutung eines Wortes in unsrer Muttersprache zu verstehen, bringen wir gewiß oft viele Jahre hin. Ich verstehe auch zugleich hier mit die Bedeutungen, die ihm der Ton geben kann. Der Verstand eines Wortes wird uns, um mich mathematisch auszudrücken, durch eine Formel gegeben, worin der Ton die veränderliche und das Wort die beständige Größe ist. Hier eröffnet sich ein Weg, die Sprachen unendlich zu bereichern, ohne die Worte zu vermehren. Ich habe gefunden, daß die Redensart: *Es ist gut* auf fünferlei Art von uns ausgesprochen wird, und allemal mit einer anderen Bedeutung, die freilich auch oft noch durch eine dritte veränderliche Größe, nämlich die Miene, bestimmt wird.

Unsere besten Ausdrücke werden veralten, schon manches Wort ist jetzo niedrig, was ehemals eine kühne Metapher war. Es ist also gewissermaßen der Dauer eines Werks zuträglich, wenn man etwas neu im Stil tut, doch so, daß die Nachahmung schwer ist, es kann nicht so leicht veraltern.

Schimpft nicht auf unsere Metaphern, es ist der einzige Weg, wenn starke Züge in einer Sprache zu verbleiben anfangen, sie wieder aufzufrischen und dem Ganzen Leben und Wärme zu geben. Es ist unglaublich wie viel unsere besten Wörter verloren haben. Das Wort »vernünftig« hat fast sein ganzes Gepräge verloren, man weiß die Bedeutung, aber man fühlt sie nicht mehr, wegen der Menge von vernünftigen Männern, die den Titel geführt haben. *Unvernünftig* ist in seiner Art stärker. Ein vernünftiges Kind ist ein schlaffer frommer Taugenichts von einem Anbringer, ein unvernünftiger Junge ist viel besser. Der Schall ›Liberty‹.

Unsere meisten Ausdrücke sind metaphorisch, es steckt in denselben die Philosophie unserer Vorfahren . . .[gekürzt]

Jeder deutsche Patriot sollte sich bemühen, alte deutsche Worte wieder hervorzusuchen, um den wahrhaften Mangel zu ersetzen . . . [gekürzt]

Unsere Gelehrten verfallen in den Fehler der Krämer in den kleinen Städten, sie kaufen nicht an der Stelle, wo es wächst, sondern lassen sich es lieber, erst von einem Engländer oder Franzosen vorsagen. Das ewige »unsern Landsleuten bekanntmachen«! Warum suchen wir unsern Landsleuten nicht den Geist einzuprägen, selbst zu versuchen, und immer auf das »Bessermachen« zu denken?

Das deutsche Genie ist sehr geneigt, in wissenschaftlichen Dingen statt der Sache selbst sich an die Literatur zu halten. Das deutsche Publikum, das selbst schon nach der Seite gestimmt ist, ist auch daher geneigt, diese Literatoren mit dem Ruhm zu krönen, der eigentlich dem Denker und dem Erweiterer der Wissenschaft allein gehört.

Deutscher Fleiß, mit diesem Titel oft pflegen Köpfe, die nicht zum Denken aufgelegt sind, ihre trockenen geistlähmenden Bemühungen zu belegen. Tag und Nacht lesen und sammeln hat etwas sehr Schmeichelhaftes für den Sammler, dem es an wahrer Geistesstärke fehlen muß, denn sonst schickte er sich nicht zu solchen Arbeiten, die immer etwas von Negerdienst an sich haben.

Keine Nation fühlt so sehr als die deutsche den Wert von andern Nationen und wird leider! von den meisten wenig geachtet, eben wegen dieser Biegsamkeit. Mich dünkt, die andern Nationen haben recht: eine Nation, die allen gefallen will, verdient, von allen verachtet zu werden. Die Deutschen sind es auch würklich so ziemlich. Die Ausnahmen sind bekannt und kommen nicht in Betracht, wie alle Ausnahmen.

Mich dünkt, der Deutsche hat seine Stärke vorzüglich in Originalwerken, worin ihm schon ein sonderbarer Kopf vorgearbeitet hat, oder mit andern Worten, er besitzt die Kunst, durch Nachahmen Original zu werden, in der größten Vollkommenheit. Er besitzt eine Empfindlichkeit, augenblicklich die Formen zu haschen, und kann seine Murki aus allen Tönen spielen, die ihm [ein] ausländischer Originalkopf angibt.

Sagt, ist noch ein Land außer Deutschland, wo man die Nase eher rümpfen lernt als putzen?

In England findet man mehr Originalcharaktere in Gesellschaften und unter dem gemeinen Volk, als man aus ihren Schriften kennt. Wir hingegen haben eine Menge im Mess-Catalogo, wenig in Gesellschaft und dem gemeinen Leben, und unter dem Galgen gar keine.

Die englischen Genies gehen vor der Mode her und die deutschen hintendrein.

Was den Unterschied zwischen dem englischen und deutschen Gelehrten hauptsächlich ausmacht, ist nicht so wohl ihre frühe Beschäftigung mit den Alten, sondern, daß sie früh angehalten werden, das, was sie lernen, gründlich zu wissen. Sie sind nicht so leicht befriedigt und dringen mehr auf klare Ideen. Durch das entsetzliche Durcheinanderlesen wird unsere Jugend verdorben, und gewiß durch nichts in der Welt mehr als durch unsere Dichter, die so sehr von Empfindung überfließen.

Die Freiheit der Engländer unterscheidet sich von der unsrigen im Hannöverischen (dadurch), daß sie dort durch Gesetze gesichert (ist) und hier von der Gutherzigkeit des

Königs abhängt. Sie kann also nicht anders untergraben werden als durch Bestechung der Mitglieder des Parlements, welches jetzt der Fall zu sein scheint, der Krieg gegen die Kolonien wird gegen die Stimme des Volkes geführt. Wie gut wäre es, wenn man die Stimmen, anstatt sie zu zählen, wägen könnte.

Zur Zeitgeschichte

Es kommt nicht darauf an, ob die Sonne in eines Monarchen Staaten nicht untergeht, wie sich Spanien ehedem rühmte; sondern was sie während ihres Laufes in diesen Staaten zu sehen bekommt.

Das Land, wo die Kirchen schön und die Häuser verfallen sind, ist so gut verloren als das, wo die Kirchen verfallen und die Häuser Schlösser werden.

Es ist, glaube ich, keine Frage, daß, bei aller Ungleichheit der Stände, die Menschen alle *gleich glücklich* sein können; man suche nur jeden so glücklich als möglich zu machen.

Wie herrlich würde es nicht um die Welt stehen, wenn die großen Herren den Frieden wie eine Mätresse liebten, sie haben für ihre Person zu wenig vom Kriege zu fürchten.

Ist es nicht sonderbar, daß man zu den höchsten Ehrenstellen in der Welt (König) ohne Examen gelangt, das man von jedem Stadt-Physikus fordert?

Was die wahre Freiheit und den wahren Gebrauch derselben am deutlichsten charakterisiert, ist der Mißbrauch derselben.

Ich möchte was darum geben, genau zu wissen, für wen

eigentlich die Taten getan worden sind, von denen man öffentlich sagt, sie wären *für das Vaterland* getan worden.

Wenn man auf einer entfernten Insel einmal ein Volk anträfe, bei dem alle Häuser mit scharf geladenem Gewehr behängt wären, und man beständig des Nachts Wache hielte, was würde ein Reisender anders denken können, als daß die ganze Insel von Räubern bewohnt wäre? Ist es aber mit den europäischen Reichen anders? Man sieht hieraus, von wie wenigem Einfluß die Religion überhaupt auf Menschen ist, die sonst kein Gesetz über sich erkennen, oder wenigstens, wie weit wir noch von einer wahren Religion entfernt sind. Daß die Religion selbst Kriege veranlaßt hat, ist abscheulich, und die Erfinder der Systeme werden gewiß dafür büßen müssen. Wenn die Großen und ihre Minister wahre Religion und die Untertanen vernünftige Gesetze und ein System hätten, so wäre allen geholfen.

Das Wohl mancher Länder wird nach der Mehrheit der Stimmen entschieden, da doch jedermann eingesteht, daß es mehr böse als gute Menschen gibt.

Man untersuche einmal unparteiisch, was eigentlich der Grundtrieb des Republikanismus ist. Bei den meisten wenigstens ein Haß gegen die Großen. Denn man ist gewöhnlich immer desto weniger republikanisch gesinnt, je höher der Rang ist, den man selbst in der Welt bekleidet. Auch ist es schon hundertmal gesagt worden, daß die Verteidiger der Gleichheit eigentlich nichts wünschen als alles höher zu ihrem Horizont hinauf, aber nicht sich selbst zu einem tiefern herab gebracht zu sehen. Die berühmte Mrs. *Macaulay*, eine große Gleichmacherin, konnte es dem Dr. *Johnson* nie vergessen, daß er sie nach einem solchen Disput, als man sich zu Tisch setzte, fragte, ob sie nicht ihren Kammerdiener mitessen lassen wollte.

Je größer und weitaussehender der Plan ist, in den eine Revolution hinein gehört, desto mehr Leiden verursacht sie denen, die darin begriffen sind, indem es nicht jedermanns Sache ist, selbst wenn er es übersieht, sich durch den Verstand mit Geduld zu stärken, und dieses um so weniger, je ungewisser es ist, ob er noch die Früchte davon genießen werde. Aber eben dieselbe Kurzsichtigkeit, die den Menschen unfähig macht, die großen Plane der Vorsehung zu überschauen, verstattet auch den weisesten Regierungen nicht, auf dem sanften Wege, den sie mit Recht einschlagen, große Zwecke zu erreichen, ja da es natürliche Pflicht ist, immer nur das zu wählen, was uns gut dünkt, so ist es unmöglich, zum Vorteil der Welt (einen) Weg einzuschlagen, der Millionen fürs Gegenwärtige unglücklich macht. Der Mensch ist nur da, die Oberfläche der Erde zu bauen, den Bau und die Reparaturen, die mehr in die Tiefe gehen, behält sich die Natur selbst vor. Dieser Bau ist ihm nicht anvertraut. Erdbeben, die Städte umkehren, kann er nicht machen, und wenn er sie machen könnte, würde er sie gewiß am unrechten Ort anbringen. Ich bin sehr geneigt zu glauben, daß es mit unsern – *archien* und *-kratien* ebenso geht. Was der Pflug und die Axt tun kann, das können und müssen, ist für uns, aber nicht was den Erdbeben, den Überschwemmungen und den Orkanen zugehört, und vermutlich, ja gewiß, ebenso nützlich und so nötig ist.

Wenn die Gleichheit der Stände, über die man jetzt so viel schreibt und spricht, etwas Wünschenwertes ist, so muß sie notwendig etwas jener Gleichheit Analoges haben, die man nach Aufhebung des Rechts des Stärkern durch weise Gesetze eingeführt hat. Es ist daher ein gar sonderbares Argument, das man zur Verteidigung der Ungleichheit beibringt, wenn man sagt, die Menschen würden mit ungleichen Kräften geboren. Denn hierauf kann man antworten: eben deswegen, weil die Menschen mit ungleichen Kräften geboren werden und der Stärkere den Schwächern verschlingen würde, hat man sich in Gesellschaften vereinigt und durch Gesetze eine größere Gleichheit eingeführt. Ist das sogenannte Gleichgewicht von Europa etwas anderes? Überhaupt wäre es wohl besser zu sagen: *Gleichgewicht* der Stände, als: Gleichheit.

Unter die Mißverständnisse oder die falschen Darstellungen bei der Französischen Revolution gehört auch die, daß man glaubt, die Nation werde von einigen Bösewichtern geleitet. Sollten nicht vielmehr diese Bösewichter sich die Stimmung der Nation zunutz machen?

In dem freien Frankreich, wo man jetzt aufknüpfen lassen kann, wen man will.

Deutschland hat sich gegen das unchristliche Frankreich recht christlich bewiesen. Nachdem es von demselben einen Streich auf den einen Backen bekommen hatte, so hielt es ihm den anderen auch dar.

Aufsätze

TIMORUS

Das ist
Verteidigung zweier Israeliten
die durch die Kräftigkeit der lavaterischen
Beweisgründe und der Göttingischen Mettwürste
bewogen den wahren Glauben angenommen haben
von Conrad Photorin
Der Theologie und Belles Lettres Candidaten

AN DIE VERGESSENHEIT

Allerdurchlauchtigste,
Großmächtigste Monarchin,

Der besondere Schutz, dessen Ew. Königl. Majestät jederzeit die bisherigen Produkte meines Geistes gewürdigt haben, und die Überzeugung, daß dieses Werkchen wegen seines Inhalts über kurz oder lang doch an Höchstdieselben gelangen werde, haben mich aufgemuntert, es lieber gleich selbst zu Höchstdero Füßen in tiefster Untertänigkeit zu legen. Ich darf um so weniger an einer gnädigsten Aufnahme desselben zweifeln, als es eine Religionsstreitigkeit betrifft und Ew. Königl. Majestät bekanntlich dieser Art von Schriften Dero vorzügliche Protektion gönnen, wie sie es denn auch ihrer Wichtigkeit und der Mäßigung, Gewißheit und Klarheit wegen, die in denselben zu herrschen pflegt, vorzüglich verdienen.

Da Ew. Königl. Majestät nunmehr in Dero unermeßlichen Staaten den allerneuesten französischen Witz eingeführt haben, so habe ich Höchstdero weisen Absichten gemäß denselben überall so viel als möglich zu erreichen gesucht und mich durchaus eines rigoris gallici in demonstrando beflissen, hingegen alles vermieden, was nach der allerdings bejammenswerten Einfalt des blinden Heidentums schmeckt.

Ich ersterbe in tiefster Devotion

Allerdurchlauchtigste,
Großmächtigste Monarchin,
Ew. Königl. Majestät

untertänigst devotester Knecht
Conrad Photorin.

Vorrede des Herausgebers

Lieber Leser

Ehe du an das Werkchen selbst kommst (und wenn du nicht so weit kommen solltest, so wollen wir kein Wort deswegen verlieren), nimmt sich der Türhüter im Namen seines Herrn die Freiheit, dich um eine Kleinigkeit anzusprechen. Du wirst beim Eingang so gut sein und ein paar Vorurteile ablegen, sie nützen dir inwendig auf meine Ehre so viel als ein Degen in einer Bildergalerie oder in Vauxhall.

Für das erste mußt du nicht glauben, mein Herr habe nachstehendes Büchlein aus jener zügellosen Begierde, die sich um die Zeit des ersten Bartes einzustellen pflegt, in die Welt gesetzt, ich meine aus dem Trieb, Bücher zu schreiben und seinen Witz sehen zu lassen, sondern es ist vielmehr ganz aus reinem Triebe und über die Hälfte aus kalter Pflicht entsprossen. Er leugnet zwar nicht, wie er wohl sicher tun könnte, wenn er allein ein Mensch und du etwa ein Orang Outang wärest, daß ihn jene Begierde zwar öfters angewandelt, er hat ihr aber allezeit mit Mut widerstanden und den festen Vorsatz gefaßt, seine Feder nicht eher zu gebrauchen, bis ihn Pflicht und Gewissen dazu aufforderten, aber alsdann auch nicht eher niederzulegen, bis ein Schandfleck auf- oder einer zugedeckt ist.

Für das zweite bittet er, ja nicht zu glauben, daß er es böse mit dem Publikum meine, mit dem er es hauptsächlich zu tun hat. Nichts weniger. Wenn er eifert, so ist es immer ein geistlicher Eifer, und wenn er flucht, so sind es immer Segensflüche. Ja, er ist vielmehr bereit, für jeden Dürftigen sein Blut oder wenigstens seine Dinte zu verspritzen, wie er es mit dem einen, der Dinte nämlich, schon für diese Wiedergebornen getan hat.

Dieses ist es, warum ich dich vorläufig ansprechen wollte, und wogegen ich dich von der Wahrheit des Gesagten bei der Ehrlichkeit eines Türhüters versichern kann.

Es leuchtet zwar die gute Absicht meines Herrn überall aus dem Büchelchen selbst sattsam hervor, ich habe aber doch auch diese Versicherung gleichsam als einen Zoll entrichten sollen, den man der Würde der menschlichen Natur schuldig ist: denn tun können auch die Ochsen und die Esel, aber versichern kann noch zur Zeit der Mensch nur allein. Geschrieben im August 1771.

Man sollte sich zwar nicht wundern, wenn der Satan, der ohnehin sonst wenig oder nichts zu tun hat, sich Tag und Nacht bemüht, hier und da den Kindern der Kirche Netze und Schlingen zu legen, am allerwenigsten, wenn er diejenigen zu verfolgen sucht, die er schon einmal in seinen höllischen Pfoten hatte, die ihm aber durch *Uns* wieder abgejagt worden sind. Man sollte vielmehr den Fürsten der Finsternis toben lassen und mit jenem Liede gelassen sprechen oder singen:

> Laßt den Teufel brummen,
> Er muß doch verstummen.

Allein, wenn seine satanischen Kniffe ein ganzes Publikum verblenden; wenn er nicht bloß ein paar Christen kränkt, sondern sich hierzu selbst tausend anderer bedient, ja wenn dieses verblendete Publikum auf einer ansehnlichen Universität lebt: welcher natürlich ehrliche Mann, von den künstlichen will ich gar nicht einmal reden, wird dazu stille sitzen können?

Man bedenke nur selbst: Auf den meisten deutschen Universitäten sind, wie man sicher annehmen kann, gewiß täglich an die zweihundert Federkiele, die Bleistifte nicht einmal gerechnet, beschäftigt, das Wort so rein als möglich zu halten, ja man hat daselbst durch die sinnreichsten und tiefsinnigsten, sowohl aus den Schätzen als dem Schutt des Morgenlandes hergeholten Erklärungen, schweren und feinen Mutmaßungen und gleichsam durch eine Art von exegetischen Selbstschüssen, Pallisaden, spanischen Reitern und Kartätschen die Religion so verrammelt und verschanzt, daß man glauben sollte, dem Satan selbst müsse einmal der Kitzel vergehen, die Leute anzuzapfen, die innerhalb des Walles wohnen, und dennoch tut er es. Nun denke man einmal: wenn es in der Festung so zugeht, was will aus dem platten Lande werden?

Doch ich wende mich so früh zur Sache als möglich. Es haben sich diesen Sommer in und bei G ... zwei ehrliche Israeliten zum wahren Glauben bekehrt und die Taufe glücklich empfangen. Konnte das kleine Häuflein der lutherischen Kirche wohl eine größere Conquete machen als dadurch, daß es über die Hartnäckigkeit zweier Beschnittenen gesiegt hat? Es hätte die Überläufer mit Sanftmut und Milde aufnehmen sollen, um ihnen recht zu zeigen, was sie für einen Dienst verlassen und was für einen sie angenommen haben, daß sie aus dem Nassen in das Trockene, aus der Tiefe in die Höhe, aus der Dämmerung in das Licht gekommen wären; bisher hätten sie mit den Falschen Gemeinschaft gehabt, jetzt aber mit den Guten und Ehrlichen. Aber pfui! was taten die Bürger? Kaum waren sie getauft, kaum waren ihnen, so zu reden, die Köpfe trocken geworden, so schrie man: *Man hätte die Betrüger und Landstreicher nicht annehmen sollen; sie wären nicht durch Beweisgründe, sondern durch Mettwürste bekehrt worden; ein ehrlicher Mann ändere seine Religion niemals mit so großen Umständen,* und was dergleichen zum Teil recht freigeisterische Reden mehr gewesen sind. Aber ist das christlich gesprochen? sagt! Wie muß das den beiden ehrlichen Männern durch die Seele gehen? Kein Wunder fürwahr, wenn sie gerade unsere Herde verließen, in ein anderes Land gingen und entweder wieder Juden würden oder wenigstens durch ein zweites Bad der Wiedergeburt sich in andere Hürden eintreiben ließen, wie man denn dergleichen traurige Exempel mehr als zu viele hat. Aber wer will es ihnen verdenken? Ich will gar nicht einmal erwähnen, was die andern Juden von uns denken müssen?

Werden sich die wohl bekehren lassen? Werden sich die Vögel fangen lassen, wenn ihr so mit Prügeln darunter werft? Ich höre zwar, daß sich dessen ungeachtet wieder einige gemeldet haben, die sich wollen annehmen lassen; allein glaubt mir nur auf mein Wort, das sind gewiß arme Tröpfe oder Betrüger, die bei diesen nassen Jahren nicht mehr wissen, wo sie hin sollen. Die rechten fetten kommen euch gewiß nicht, wenn ihr ihnen solche feine Titel gebt, sobald ihr die drinnen habt. Stellt euch nur selbst einmal an ihre Stelle. Welcher ehrliche Jude, der sein gutes Auskommen hat, wird sich, seinem Handel und Wandel zum Nachteil, hinsetzen, unsere an sich heutzutage schwer zu prüfende Religion zu untersuchen – zu welchem Ende? Um sich Betrüger und Landstreicher schelten zu lassen? Die Ehre haben sie ja so schon, wir halten ja die meisten schon für Galgenvögel, was haben sie nötig, deswegen erst Christen zu werden? Das wäre ja lächerlich. Also seht, ihr, ihr selbst mit euren losen Mäulern seid schuld daran, daß die meisten Juden, die wir zu taufen kriegen, hungrige Schlucker oder Betrüger sind. Wer Fasanen schießen will, muß sich stille halten, der Sperlinge kommen ohnehin genug in allen Fällen.

Ich sage hiermit gar nicht, daß unsere beiden Neubekehrten Schelme wären. Das sei ferne von mir. Gegenteils habe ich mir vorgenommen, sie mit Gründen und, wenn das nicht helfen will, mit Eifer gegen die ruchlosen Beschimpfungen unserer Mitbürger zu verteidigen. Überall, wo man nämlich hinkommt, sagen die Leute einmütig: der Jude, der in W ... getauft worden wäre, sei einer der größten Spitzbuben, der nur lebendig gedacht werden könne; und doch, wenn man nach einem Beweis des Behaupteten fragt, so halten sie am Berge und wissen nichts vorzubringen. Es fehlt ihnen zwar nicht an Scheingründen, womit sie ihre boshaften Verleumdungen wahrscheinlich zu machen suchen, als z. E. sie sagen, er habe gestohlen, habe zu B ... lange im Stockhause gesessen, sei des Landes verwiesen worden, und was dergleichen Sophismata mehr sind. Ich leugne zwar nicht, daß dieses alles wahr sei, denn es ist gerichtlich bestätigt; aber kann der Jude nicht deswegen ein ehrlicher Kerl sein? Hierauf allein kommt es an. Denn ob er gestohlen oder nicht gestohlen, im Stockhaus gesessen oder nicht gesessen habe, ob er verwiesen oder nicht verwiesen worden sei, mit einem Wort, das wollen wir nicht wissen. Die ganze Frage läuft darauf hinaus: *Ist der Kerl ehrlich, und konnte er zur Taufe gelassen werden?* Können wir dieses beweisen, so gibt es sich mit dem einfältigen Stehlen, Stockhaussitzen und Landesverweisen von selbst.

Aber nun hört einmal, was ihr mit euren vermeintlichen Beweisen hiergegen ausrichtet. Nichts, gar nichts. Denn erstlich wollen wir einmal euer *Verwiesenworden* und euer *Landstreichersein* beleuchten. Ich denke noch immer nicht, daß ihr dieses im Ernste anführt, den Mitbruder verdächtig zu machen; tut ihr es aber, so verratet ihr dadurch eure grobe Unwissenheit in der Gelehrten-, Kirchen- und politischen Geschichte. Denn wem ist unbekannt als euch, daß man die größten Gelehrten, die frömmsten Männer und die erfahrensten Staatsleute öfters des Landes verwiesen? Ihr lest nicht einmal die Zeitung mit Aufmerksamkeit, sonst müßtet ihr wissen, daß vor kurzem der Duc de Choiseul und das ganze Parlament von Frankreich verwiesen worden ist, und zwar, wohl gemerkt, gerade deswegen, weil sie ehrliche und patriotische Leute waren. Ja, einige heilige Leute des Neuen Testaments haben sich dieses aus eben dem Grunde müssen gefallen lassen. Ihr müßt mir nicht mit dem schalen Einwurfe kommen und sprechen: jene Leute seien nur auf ihre Güter gegangen. Wo hatte der Jude Güter? Er hatte keine, und fürwahr, wenn ich nirgends etwas habe, welches der Fall unsers Mitbruders ist, so will ich gewiß nicht in dem Lande bleiben, aus dem ich bin verwiesen worden. Mit einem Wort, die Historie ist so reich an Beispielen von ehrlichen Leuten, die verwiesen worden sind, hingegen so arm an welchen von verwiesenen Betrügern, daß wir Menschen, die wir in den wenigsten Dingen zu einer mathematischen Gewißheit kommen können, es recht als ein Kriterium von der Ehrlichkeit eines Mannes anzusehen haben, wenn er des Landes verwiesen worden ist. Was ich hier von dem Lande überhaupt sage, behauptet ein großer Gelehrter von den Palästen der

Großen, die doch als der Sitz der Seele eines Landes angesehen werden müssen, ein Mann, dessen Buch die Ehre gehabt hat, die sonst nur allein der Bibel zu widerfahren pflegt, daß der Tod zwei der größten Männer, den Kardinal *Richelieu* und den Herrn *von Leibniz*, darüber angetroffen. *Barclajus* sagt nämlich in seiner *Argenis*, Lib. I. cap. 10: Nunc fortuna instituit, ut in multis gentibus prope sit egregii animi indicium arceri a regiis, aut in illis jacere, welches man im Deutschen so geben könnte: Nun ist es einmal nicht anders, wenn ihr seht, daß ein Mann entweder vom Hofe gejagt worden ist oder es an demselben nicht über die Bratenwenderstelle zu bringen weiß, so denkt nur sicherlich, es ist ein ganzer Mann.

Ferner sagt ihr, er sei ein Landstreicher. Aber, ums Himmels willen, sagt, was ist Unehrliches in einem Landstreicher? Ich weiß es wohl (und es ist eine unmittelbare Folge unsers natürlichen Verderbens), daß die Erfinder der Sprachen gewöhnlich einen geringen Grad von einer sonst guten Eigenschaft mit einem besondern Worte bezeichnen, auf welches sie gleichsam den Akzent der Unehrlichkeit gelegt haben. So nennen wir einen kleinen Poeten einen Reimschmied, einen Poetaster oder einen Schmierer, ein Name, der in meinen Ohren fast klingt wie Ketzer, Bastard oder Komödiant; einen geringen Grad von Reinlichkeit nennen sie Schweinerei, von Advokatie Zungendrescherei, von Malerkunst Weißbinderei. Ein Mensch, der nur eine geringe Courage besitzt, heißt gleich eine alte Hure, ein kleines Werkchen ein Wisch usw. Ja, in unsern Zeiten machen wir es nicht besser, ein kleiner Journalist wird gleich ein Ziegra, ein kleiner Grad von Süßigkeit Jacobismus genannt. Also wenn ein Armer seinem angeborenen Trieb zu Reisen zu Fuß ein Genüge tun will, so heißt er ein Landstreicher. Aber ist dieses philosophisch und christlich gedacht und gesprochen? Alle honette deutsche Gesellschaften sollten alle ihre Macht, und wenn es nicht anders sein könnte, wenigstens ihre Ohnmacht anwenden, einem solchen Übel zu steuern, und entweder das Wort von dem Begriff durch Gelindigkeit scheiden oder, wenn die Scheidung nicht angehen sollte, den ganzen Plunder mit einemmal wegwerfen. Denn wenn dieses noch 200 Jahre so fortgeht, so weiß ich nicht, was wir mittelmäßigen Köpfe endlich anfangen wollen. Die güldene Mittelstraße und alle, die darauf wandeln, werden mit solchen Wörtern belegt werden, daß man sich lieber auf dem Wege zum Galgen als auf demselben wird antreffen lassen. Alle können wir doch fürwahr nicht immer mit sechsen fahren oder mit vieren im Meßkatalogus stehen. Die Manns- und Weibsstühle im Tempel der Ewigkeit sind heutzutage alle besetzt, was will man denn anfangen? Man muß sich nach der Decke strecken. Und am Ende, was hat denn ein Landstreicher Besonderes, ist denn unser zu Hausesitzen verdienstlicher? Ja, die Seele des sogenannten Landstreichers hat gemeiniglich ein gewisses allgemeines, in alles passendes Wesen, das der beinah tierischen, eingeschränkten Seele des Genies weit vorzuziehen ist. Den erstern kann man überall nutzen, hier zum Ausfüllen, dort zum Zuschmieren, und überhaupt da, wo nichts andres dient; hingegen das letztere, wenn es nicht gerade dahin kommt, wo es Eckstein oder Schlußstein werden kann, das ist mit Quadratwurzeln und Reihen spielen, von Planeten fabeln, unter halbverfaulten Muskeln kramen oder Gesetze geben kann, ist ein so sperriges, unbrauchbares, ärgerliches Ding als ein Kachelofen im Sommer. Ich kann nicht leugnen, daß ich fast wünschte, es möchte einmal ein Landstreicher, der ein großer Mann wäre und die Gabe hätte, aufstehen und auf unser Zuhausesitzen einen ähnlichen Akzent legen, wie würden wir da schwärmen und eben dadurch unsern Vätern, den alten Deutschen, ähnlicher werden, bei denen solche Stadthöker wie ihr und eures Gelichters ebenso unehrlich gewesen wären, als ihr die Landstreicher jetzt gehalten wissen wollt. Was ich oben von der Gemeinnützigkeit der

Landstreicher gesagt habe, will ich noch mit dem Zeugnisse zweier der größten Kenner des menschlichen Herzens in diesem Jahrhundert, ich meine des Grafen *von Zinzendorf* und des Generals *Fischer*, belegen. Der letztere hat nämlich versichert, daß die tapfersten Leute in seinem Korps jederzeit die sogenannten Landstreicher, Vagabunden und Verwiesenen gewesen wären, und der Erstere soll ebenfalls gefunden haben, daß niemand der Fahne des Lammes treuer folge als eben diese Leute, zumal wenn sie zu gesetzten Jahren gekommen sind und sich unter derselben einmal recht eingedient haben. Wem ist ferner unbekannt, daß das weise England seinen Kolonien täglich solche Leute zuschickt, um jene immer mehr und mehr in den Flor zu bringen? Also seht ihr, drei Kardinaltugenden: Tapferkeit, Religion und Industrie finden sich nach dem Zeugnisse der größten Männer und der weisesten Nation in dem Corpore der Vagabunden, und ihr wollt sie verdammen, ihr, die ihr vielleicht – seht, zu solchen Eröffnungen bringt ihr mich – die ihr vielleicht keine von allen dreien besitzt? Euch zu Liebe breite ich mich über diesen Artikeln nicht weiter aus, sondern lasse euch mit Fleiß diesen Dorn in eurem Gewissen und gehe weiter.

Er hat aber gestohlen, sagt ihr. Nun, gestohlen, gut – was ist denn? Seit ihr etwa gar noch Stoiker und leugnet die Grade der Moralität? Ich weiß es so gut als ihr, daß es Diebstähle gibt, auf denen der Strang steht, und die ihn verdienen; aber ich weiß auch, daß es Diebstähle gibt, wobei man der ehrlichste Mann von der Welt sein kann. Denkt nur selbst nach, was heißt stehlen? Wenn ich nicht sehr irre, so heißt es so viel, als seinem Nächsten das seine wider seinen Willen *ohne Gewalt* entwenden. Ohne Gewalt, merkt es wohl, da sitzt der Knoten, der euch Blöde so bedüstert hat. Aber macht das unehrlich? Nichts weniger. Denn sagt mir einmal, wie könnten so viel honnette Leute bei Hofe und in der Stadt, die den reichen Kaufleuten ihren Überfluß abnehmen, borgen und nicht bezahlen, so viele ehrliche Vormünder, die ihren Pupillen das Ihrige entwenden, wie könnten das ehrliche Leute sein? Es wird sich niemand unterstehen, auch sich nur im mindesten merken zu lassen, daß er es nicht glaubte, und man tut wohl. Warum schimpft man denn bei diesem armen Teufel von einem Juden von Morgen bis in die Nacht, und doch regt sich niemand? Deswegen, weil diese Personen nicht allein Belesenheit genug besitzen, allenfalls einen Beweis zu führen, sondern auch Macht, einer solchen müßigen Verleumdung mit Nachdruck zu begegnen. Ich, der ich Gottlob auch einen Beweis zu führen gelernt habe, trete also hiermit öffentlich für den Juden auf und erkläre: Wer da sagt, daß der Jude ein Schelm sei, weil er gestohlen habe, ist ein *Lügner*. Warum haben die Leute ihre Effekten nicht besser in Acht genommen? Hätte der Jude gefehlt, was ich aber nicht zugebe, so hat er weiter nichts als eine Pflicht gegen seinen Nächsten verabsäumt, das ist alles; aber der andere, der nicht beständig auf seiner Hut ist, verabsäumt eine weit heiligere Pflicht, die Pflicht gegen sich selbst, von welcher heutzutage die Welt und unsere besten Systeme der Moral so gerade abhängen, daß es ausgemacht ist: sollten diese Pflichten nicht mehr beobachtet werden, so ginge nicht allein alles in der Welt zu Grunde, sondern alle unsere braven Philosophen hätten auch unrecht. Ich für meine Person hielte es also gar nicht für ungereimt, wenn man ein Gesetz gäbe, vermöge dessen der Dieb zwar eine Strafe geben, z. E. 60 Prozent des Gestohlenen in die Schatzkammer, aber der Bestohlene ohne weiteren Prozeß aufgeknüpft werden müßte. Ich habe auch bereits vernommen, daß das Licht dieses Gesetzes schon in einigen Provinzen unsers deutschen Vaterlandes dämmern soll, wo nämlich der Staupbesen und Verlust des Vermögens demjenigen drohen, von dem es stadtkundig wird, daß er von einem bekannten angesehenen Manne ist bestohlen worden, und man hat Hoffnung, dieses

Gesetz auch auf die Spitzbuben vom Bauernstande ausgedehnt zu sehen.

Noch unüberlegter räsonnieren diejenigen, welche da sagen: es könne deswegen mit dem Juden nicht so ganz richtig sein, weil er etlichemal im Stockhause gesessen. Nun wahrlich, wenn dieses Argument nicht vom Zaune gebrochen ist, so verstehe ich es nicht. Meint ihr denn, jeder, der im Stockhause säße, wäre ein Mörder, ein Komödiant, ein Gotteslästerer, ein Possenreißer oder ein Straßenräuber? O glaubt nur sicherlich, das sind zuweilen die ehrlichsten Leute, deren es innerhalb des Stockhauses eben eine solche Menge gibt als Spitzbuben außerhalb. Die Geschichte des Ursprungs der Stockhäuser bekräftigt dieses selbst, wie ich einmal in dem höchst raren Werke: *Vom Ursprung der Lybes- und Lebensstrofen und deren tidigen Gebruk und Mod,* so auf der Göttingischen Bibliothek befindlich, gelesen habe. Die Stelle ist naiv und wegen des eigenen Dialekts merkwürdig, daher ich sie hier ganz einrücke. Es heißt nämlich daselbst Seite 17:

»In de olle Tiden, do weren alle de Gewissen der Lüe (Leute) veel genuer examineeret und de Schelmen und de Galgenschwengels veel scharper stroft; man ded nit onseen de Persohn, ob he was en gemeen Kerl or ob he was en förnehmb Kerl, dat was alle like veel. Do wurden ups lest de Karzers so full, dat en Rechtsman den Vorschlag ded, ob es nit better was, de ehrliken Lüe von de Galgenschwengels aftosundern as de Galgenschwengels von de ehrlichen Lüe, sint der Galgenschwengels veel mehr weren als der ehrliken Lüe. Dese Vorschlag ded Byfall finden und man ded höie (hohe) Muren met hoie Thören upföhren umb de Städt und alle Städt wurden Karzers för de Galgenschwengels. Wann de Prediger or de Rechtslüe (denn de weren de ontige [einzige] ehrliken Lüe in en Stadt) saen (sahen) dat en Man hed en Beassung (vermutlich kommt das englische byass Hang, Neigung daher) to en ehrlik Kerl, so sette se hem ut den Dore, und let hem fry. Dodurch seynd nach und nach Dörpers entstanden und erbuet worden, wo de ehrliken Lüe wohnten, de den Galgenschwengels in de Stadt ups leßt nit Eten und Drinken to toföhren vermögten, do ded en heel kunning (recht durchtriebener) Rechts Man, der selber en von den Galgenschwengels ma west syn, en ander Vorschlag, dat wyl der ehrliken Lüe veel to wenig weren, de ander to unterhollen, so möte (müßte oder möchte) man es med de Galgenschwengeley nit so gnu nehmen, damit der ehrliken Lüe mehr wörden, und es ward resolveert, dat keen Kerl för en Galgenschwengel passeeren sulde, wenn he nit en arm Düvel were, or nit kunning (schlau) nugh syne Museryen to bergen, und diß wird trülig gehollen bis up den hütigen Dag. Do fand sich es denn sann (bald), dat en enselt Thorm grot nugh wer för de Conventions-Schelme, de armen Düvels u.s.w.« So weit unser Autor, woraus sattsam erhellet, daß es bloß von einem Zufall herrührt, daß diese Unglücklichen eingesperrt werden. Würde einmal (und man kann nicht wissen, ob sich dieses nicht einmal noch ereignen wird) ihre Anzahl größer als der Unsrigen, so müßten wir in die Gefängnisse, wovor uns aber doch der Himmel bewahren wolle.

Aber nun gesetzt auch, der Jude habe sich so aufgeführt, daß man ihn würklich für einen Schelmen erkennen und als einen solchen hätte einsperren müssen, glaubt ihr denn, daß er ohne so etwas zu uns übergetreten wäre? Bedenkt nur, wie kann ein armer Jude, der mit Kopf und Händen den ganzen Tag zu arbeiten hat, um nur Nahrung für heute zu finden, wie kann sich der hinsetzen, seine Religion und die unsrige prüfen und Argumente abwägen? Er könnte zehnmal verhungern, ehe er eine einzige unsrer Verteidigungen oder Beweise der Wahrheit der christlichen Religion durchstudiert hätte und zu einem Entschluß kommen könnte. Allein die dunklen Zellen eines Stockhauses, wo Tod, Jammer und Verwesung uns aus jedem Winkel anfletschen; wo die Sorgen der Nahrung uns nicht quälen; wo beständiges Wasser und Brot zwischen Geist und Fleisch Friede machen und der Waage des Urteils die erwünschte Richtigkeit geben, da ist der Ort, die Religion mit Muße zu prüfen; da konnte der Jude Gründe gegen Gründe, System gegen System abwägen, da konnte er untersuchen, welches am besten gerändet sei, die Äßchen zählen, um welche jenes zu leicht und dieses zu schwer war; im Stockhause konnte er dieses tun, nicht in seiner Hütte, nicht auf der Landstraße, nicht in der Synagoge und nicht auf der Wechselbank. Ja es ist mir, indem ich dieses schreibe, als wenn mir innerlich etwas sagte: Der Jude hat mit Fleiß gestohlen und sich greifen lassen, um Muße zu bekommen, das Werk anzufangen. Widersprechendes hat es nichts in sich. O, der Durst nach der wahren Lehre ist bei manchem sehr brennend, und die Art und Weise, es mit dessen Löschung anzufangen, ist bei einem Menschen nicht wie bei dem anderen. Beherzigt einmal dieses, betrachtet den Juden in diesem Licht und sagt, ob ihr, um des Evangelii willen, das wagen würdet, was er gewagt hat? Wie man eine Hand umwendet, so hätte er können aufgeknüpft werden. Bedenkt, aufgeknüpft, und nicht der Religion wegen, sondern als Spitzbube, als Schelm aufgeknüpft, ohne, daß nur eine Zunge oder eine Feder je gesagt hätte: *da hängt der Märtyrer.*

Wenn ich dieses alles zusammennehme, so werde ich immer mehr und mehr in einem Gedanken bestärkt, auf den ich einmal bei Durchlesung des vortrefflichen Büchleins des Herr *Beccaria von Verbrechen und Strafen* gekommen bin, ein Gedanken, der diesem Kopf von weit geringerer Polhöhe als der meinige (ich meine eben diesen scharfsinnigen Italiener) entwischt ist. Daß nämlich Spitzbuben, Räuber und Beutelschneider oder die nachherigen Karregefangenen, Galeerensklaven und Arrestanten bei weitem die niedrigen, verwerflichen Glieder der Gesellschaft nicht sind, die man aus ihnen zu machen überall sich befleißigt. Sie sind zwar nicht das Salz der Gesellschaft, so notwendig sind sie freilich nicht, aber unter dem Pfeffer, dünkt mich, kann man ihnen einen Platz nicht wohl versagen. Denn man beliebe nur zu bedenken, wenn es keine Menschen mehr gäbe, die ihr Genie antriebe, sich der Karre oder der Galeere zu widmen, so müßten wir sogenannten ehrlichen Leute am Ende fürs Geld selbst hinein. Ich lebe auch in Wahrheit der Hoffnung, daß, so wie wir die Bastarde und die Schäfer jetzt unter die ehrlichen Leute rechnen, die unsere Vorfahren nicht dafür erkennen wollten, wir mit der Zeit auch dem bedrängten Orden der Spitzbuben eine ähnliche Gerechtigkeit werden angedeihen lassen. Ja, sie sind schon so gut als gesichert, wenn sich die mit Recht beliebte mitleidige Empfindsamkeit unter Richtern und Advokaten immer weiter ausbreitet, die für jeden Bettler ein Dreigroschenstück und für jeden Eingekerkerten eine Träne hat. O Freunde, ich sehe schon mit Entzücken die Morgenröte einer empfindsamen peinlichen Halsgerichtsordnung über den Horizont von 1800 heraufdämmern, da niemand mehr im Gefängnisse lebendig modern oder kein Unschuldiger mehr den Raben zuteil werden wird. Freilich werden alsdann unsere Gassen und unsere Landstraßen nicht mehr, ich möchte fast sagen, so *schrecklich* sicher sein als jetzt, allein wie Not um das? Wir schaffen unsere ohnehin unbrauchbaren Taschenuhren nur ab und tragen an deren Stelle ein paar weit nützlichere Taschenbuffer, die bei hundert andern kleinen Vorfällen noch zu gebrauchen sind.

Dieses könnte für mich und den Juden schon hinlänglich sein, hier aufzuhören, wenn es mir bloß um den Ruhm eines guten Logici oder Advokaten zu tun wäre; aber *höhere* Pflichten fordern von mir, weiter zu gehen und zu zeigen, wie viel natürliche Bosheit, modischer Leichtsinn, ja sogar, wenn ich es recht genau nehme, Gotteslästerung in euren schändlichen Äußerungen verborgen liegt. Vor allen Dingen sagt mir einmal, glaubt ihr, daß ein Jude, als Jude, selig werden könne oder nicht? Doch ich will nicht hoffen, daß ihr glauben werdet, daß wir dereinst im Paradiese wieder mit Juden umgehen sollen. Ihr gebt also zu, daß jeder Jude, der als Jude stirbt, im höllischen Feuer mit dem Teufel und seinen Engeln ewig glühen muß, und so weit, Freunde, denkt ihr anständig und billig. Allein nun frage ich euch: kann wohl ein Jude, der nun einmal ein Opfer der ewigen Flamme werden soll, und zu dessen Verdammung Gott seine weisen Ursachen gehabt haben muß, seine Sache dadurch schlimmer machen, daß er hingeht und ein paar Gänse stiehlt, wofür er eingesteckt wird? Merkt ihr wohl, wo ich hinaus will? Gott hat sie verstoßen, und wir dulden sie dennoch, bis sie uns erst ein paar Groschen stehlen, alsdann verstoßen wir sie auch. Ei, wer sind wir denn? wir Würmer, wir Staub? daß wir Geschöpfe, die vom höchsten Richter verworfen sind, gleichsam noch auf die Probe annehmen, um zu sehen, ob sich auch jener Richter nicht vielleicht geirrt habe. Ich will es euch selbst überlassen, die schrecklichen Konsequenzen hieraus zu machen: daß ich es gar nicht tadle, wenn ihr diese Verworfene verfolgt, ja, ich glaube, ihr könnt den Himmel verdienen, wenn ihr — O! Er dort oben weiß es, daß meine Absichten gerecht sind – mit der Schärfe des Schwerts – doch ihr versteht mich, lieben Brüder! – ich tadelte euch nur deswegen, daß ihr den Geist der erlaubten Verfolgung erst durch ein nichtswürdiges, weltliches Vergehen habt in euch erwecken lassen. Nun rechnet einmal zusammen und zieht eine Summe, was heißt dann nur euer ganzes elendes Geschwätz: *wir wundern uns, daß man einen Betrüger und Spitzbuben zur Taufe läßt?* Heißt es nur eine Silbe mehr als: *wir wundern uns, daß man einen Juden zur Taufe läßt, oder daß man einen Febricitanten zum Arzt weiset.* Seht, so schal, elend, neidisch und gottesvergessen sind eure Reden, daß man es mir nicht verdenken könnte, wenn ich einmal die

Rute gegen euch gebrauchte; aber ich will mich diesesmal damit begnügen, sie euch über den verstockten Köpfen geschüttelt zu haben, und weiter gehen.

Was sagt ihr denn von dem andern Juden, der in G... selbst getauft worden ist? Ist der etwa auch ein Betrüger? Wie? Nein! Selbst unter euren fertigen Lästerzungen zählt man kaum zwei oder drei, die ihm etwas anzuhängen getrachtet haben. Ja, ihr wißt so wenig von ihm, daß ihr nicht einmal sagen könnt, wo er her ist; ein Glück für den armen Mann, sonst würden gleich zwanzig aufstehen und sprechen: *ich habe einen Brief bekommen;* oder *ich habe einen Durchreisenden gesprochen, der hat mir gesagt,* er sei ein unruhiger, sich verstellender Landstreicher; wir sollten uns durch seine Demut nicht blenden lassen, maßen das ja bekanntlich die Tugend aller Schelmen sei. Dort würde ein anderer schreien: recht, das ist er, ich habe ihn in einer Zeitung beschrieben gelesen, er ist aus einem Gefängnis entsprungen. Aber so kann man mit Recht von ihm sagen, was ein sonst gottesvergessener Zweideutigkeitenreißer sehr schön von einem Unschuldigen sagt: *Die scharfsichtigste Verleumdung kann nicht das kleinste Häkchen an ihm entdecken, um auch nur den geringsten Verdacht daran zu hängen.* Denn ich will um aller Welt willen nicht hoffen, daß ihr ihm als ein Vergehen anrechnet, daß er neulich, als er einen seiner ehemaligen Glaubensgenossen besuchte, etwas *mitgenommen* hat. *Mitgenommen,* sprechen die Leute, das ist die wahre Sprache der kriechenden ängstlichen, raunenden Verleumdung, die, wenn sie sonst nichts, sich im Fall der Not zu decken, finden kann, sich im Worte selbst noch einen Schlupfwinkel baut. Warum sagt ihr nicht gleich gerade heraus: *gestohlen?* Aber ich habe Materie genug, ich will dieses ungebraucht liegen lassen und lieber gleich fragen, um kurz von der Sache zu kommen: wem hat er es gestohlen? Einem Juden oder einem Christen? Einem Juden, sagt ihr. Also gut. Zeigt aber dieses nicht eine edelmütige Verachtung seiner ehemaligen Glaubensgenossen an? und daß eine wahre Sinnesänderung bei ihm vorgegangen ist? Wer nicht recht bis auf den Boden bekehrt ist, wird immer heimlich seinem alten Glauben anhangen und heimlich seine ehemaligen Brüder lieben. Aber wie edel ist dieses nicht! Nicht einmal so viel würdigt er sie, daß er seinen Fingern Einhalt tut, welches wir alte Christen doch noch selbst gegen die Ungläubigen tun. Sollte man die Tat auch nicht billigen, so ist doch nicht zu leugnen, daß der Anlaß dazu etwas verrät, was man mit den Herrnhutern *ein gesalbtes Wesen* nennen möchte. Alles übrige, was man von ihm weiß, gereicht ihm zur höchsten Ehre: daß er das Hebräische tief studiert hat; daß er sich auf die Sterne versteht und imstande ist, ein ehrliches Stück Brot mit Wahrsagen aus den Händen zu verdienen u.dgl. Mir ist zwar nicht unbekannt, was die heutigen superklugen und namentlich die Professoren zu G... gegen sein Hebräisch einwenden: er verstände kein Arabisch. Gut, er versteht auch keines, aber dafür ist er ein geborner Jude, und das sind wir nicht. Im Englischen läßt sich vieles durch das Plattdeutsche erklären, lernen deswegen die Engländer Plattdeutsch? Keineswegs. Und am Ende sagt mir, wessen Sprache ist das Hebräisch? Des Volkes Gottes. Gut. Wessen Sprache ist das Arabische? Des Volkes des Teufels. Richtig. Aber nun sagt mir ferner um Himmels willen, muß man, um die Sprache des Volkes Gottes zu erlernen, beim Volk des Teufels in die Schule gehen? Ich weiß wohl, daß wir es tun, aber wenn der Teufel hierunter keine Ränke hat (sagt nur, ich hätte es gesagt), so ist er der Teufel nicht mehr. Er sucht unsere besten Leute alle an diese Grenze zu locken, und auf der andern Seite, wo alles offen ist, auf der Fleisch- und Blutseite, fällt er ein und fouragiert uns alles weg. Ich will zwar damit nicht in Abrede sein, daß man dem Teufel manches herrliche Schlüpfloch mit einer arabischen Etymologie mag verkleistert haben; aber daß es so gar nötig sei, kann ich mir deswegen nicht vorstellen, weil einige Hauptmänner unserer Kirche nicht einmal das Hebräische verstanden haben. O ich erinnere mich noch immer mit Vergnügen an meinen seligen Herrn Taufpaten, den Herrn Doktor und Konsistorialrat W.... Sie waren der ansehnlichste, liebreichste Mann, hatten eine rechte Segensmiene, eine rechte Gnade im Predigen, und verstanden, wie Sie sich zuweilen, wenn Sie aufgeräumt waren, merken ließen, kein Wörtchen Hebräisch. Ja, ich darf kühn behaupten, hat jemals ein Mann die Kanzel und den Beichtstuhl mit Anstand gefüllt, so waren Sie es.

Wieder auf die Gelehrten zu kommen, wer unparteiisch sein will, der muß bekennen, daß sich in unsere Bibelerklärungen ein gewisser schädlicher Luxus eingeschlichen hat, so daß man wünschen möchte, Michaelis, Kennicot und Schultens hätten die Küsten von Arabien nie befahren. Sie haben uns allerlei Leckerbißlein von dorther zugeführt, ohne die sich sogar die Weibsstühle in den Kirchen jetzt nicht mehr wollen abspeisen lassen. Wie viel bequemer und gesünder wäre es, wenn sie uns in unserer Einfalt bei unserm Roggenkaffee und Gerstenbier, ich meine bei Luthers Übersetzung gelassen hätten, so könnte man sein Gedächtnis auf andere Dinge verwenden, womit dem Menschen mehr gedient wird; die Prediger könnten ihr Geld, das jetzt für arabische Lexika, Reisebeschreibungen und neue Bibelübersetzungen weggehet, in der Haushaltung gebrauchen, ihre Besoldungen würden hinreichen, und sie hätten nicht nötig, den ganzen Tag die Arbeitsleute zu hüten oder auf der Zehntwache zu stehen.

Dem sei aber, wie ihm wolle, so muß man keinem ehrlichen Menschen vorwerfen, er verstehe etwas gar nicht, wenn er es nicht so versteht wie andere Leute, von denen man weiß, daß sie es verstehen. Denn zwischen dem: ein Ding verstehen und ein Ding nicht verstehen, gibt es viele

Klassen, in denen sich 9/10 des menschlichen Geschlechts ganz kommode aufhalten. Man könnte, wenn es nötig wäre, aus allen Ständen viele Beispiele von Leuten anführen, die ihr Amt mit Anstand geführt und doch nicht verstanden haben, was dazu nötig ist; also kann es einem keine Schande machen, etwas nicht zu verstehen, das man sich zu verstehen ausgibt, und ist Bosheit, jemanden ein solches menschliches Gebrechen vorzurücken.

Aber, höre ich euch sprechen, *sind die Astrologie und Chiromantie nicht herrliche und einem Christen höchstanständige Wissenschaften?* O ihr Schälke, ich sehe es wohl, daß ihr dieses nur aus Spott sagt, aber höchst alberner Spott ist es. Warum einem Christen unanständig? Glaubt ihr etwa noch, der Teufel mische sich drein? Ihr Einfältigen. Der Teufel weiß es so gut als ihr, daß man mit dergleichen Wissenschaften nicht mehr weit kommt, es müßte denn unter den Blöden sein. Nein, wenn er Menschen verführen will, so weiß er es besser anzufangen, er bringt sie zu Mord, Hurerei, zweideutigen Einfällen, Mordbrennerei oder Verleumdung getaufter Juden; das tut der Teufel, er macht einen Käsebier oder Shakespeare aus euch, läßt euch euren Nächsten um das Seine bringen oder gar lachen machen, wenn er beten könnte, da geht er sicherer. Mit Stern- und Händegucken hat Fleisch und Blut nichts zu schaffen, und ihr könnt mir glauben, wo der Teufel nicht eines von diesen beiden wenigstens zur Decke nehmen kann, da bleibt er gewißlich weg. Nein, wenn ihr denn doch etwas sagen wollt, so sagt lieber, es verrät eine Schwachheit des Verstandes bei dem Juden, und da will ich gerne schweigen, nicht als wenn ich euch recht gäbe: gar nicht; sondern weil mich dieses nichts angeht. Hier will ich nur beweisen, daß er ein guter Bekehrter, und bei Bekehrungen haben wir ja mit dem Verstande nichts zu tun. Ein Lahmer am Verstande kann so gut selig werden als ein Lahmer am Leibe. Ja, man hat durch vielfältige Erfahrung befunden, daß ein etwas stumpfer Verstand oder die Art Leute, von denen man zu sagen pflegt, sie hätten das Pulver nicht erfunden, zur Bekehrung und geistlichen Behandlung die fähigsten sind. Der Wurm des Zweifels nagt sie nicht, und der Geist des Widerspruchs plagt sie nicht.

Übrigens wer hat euch denn gesagt, daß die Chiromantie eine so gar nichtswürdige Kunst sei? Daß man aus dem Gesichte wahrsagen könne, ist ausgemacht, und ihr selbst habt manches, was ihr von diesen Neubekehrten sagt, aus ihren Gesichtern geschlossen. Ich war selbst einmal in einer Gesellschaft, wo einer sagte: Sieht der hiesige Jude nicht aus wie Oliver Cromwell? und nickte mit prophezeiendem Stillschweigen; wie Richard Cromwell, sagte ein Zweiter und lächelte sicher; wie Sancho Pansa, sagte ein Dritter und lachte ganz laut. Geht aber dieses bei dem Kopfe an, so geht es auch bei den Händen an, da bei ganz andern Leuten, als wir sind, die Hände Kopfdienste tun müssen. Daher liest man häufig von Gespenstern, die ihre Köpfe in den Händen, aber nie von welchen, die ihre Hände im Maule herumgetragen hätten. Unsere Vorfahren, die wahrscheinlicherweise diese Historien aus weisen Absichten erfunden haben, um in diesen vehiculis schon in der zarten Kindheit durch die Ammen den Kindern allgemeine Wahrheiten beizubringen, haben vermutlich damit sagen wollen, was andere anders bewiesen haben: ohne Hände sei nichts anzufangen, aber der Kopf sei nur eine Art von Hut, den man zwar zuweilen trage, der aber bei den eigentlichen Galabegebenheiten unseres Lebens abgenommen werden müsse. Daher auch die gütige Natur dem Menschen zwei Hände, aber nur einen Kopf gegeben hat. Ebenso viel und weit mehr noch könnte ich für die göttliche Astrologie anführen, wenn es nicht eine unerlaubte Verschwendung wäre, Zeit und Papier in Verteidigung des Verstandes eines Subjekts gleichsam wegzuwerfen, die man besser zur Verteidigung des Herzens desselben anwenden kann.

Ich hoffe es nunmehr so weit gebracht zu haben, daß wohl nicht leicht jemand unter euch mehr aufstehen und den abgenutzten alten Gemeinort aller Verleumder, womit sie ihren Nächsten anzuschwärzen pflegen, ich meine die höchst zweideutigen und schwankenden Stichelreden von *Stehlen, Betrügen, Landstreichen* u. s. w. gegen meine Freunde gebrauchen werde. Da also dieser Schlupfwinkel abgeschnitten, so hoffe ich euch nun mit Hilfe der Philosophie noch aus dem letzten herauszutreiben. Ihr sagt, es könne nicht geleugnet werden, daß nicht die Beweisgründe, sondern die Mettwürste das Beste bei der Sache getan hätten. Einfältig. Als wenn Mettwürste nicht auch Beweisgründe wären. Wenn ihr Logik gehört hättet, so würde ich gerade sagen, ihr wäret Tröpfe, und euch sofort in die Schule schicken; da ihr aber Leute seid, die nicht einmal wissen, wie Leib und Seele aufeinander wirken, ja die zum Teil das Wort Psychologie nicht einmal buchstabieren können, so muß ich euch nur diese Kleinigkeiten erklären.

Daß man Krankheiten der Seele, worunter bekanntlich der ansteckende Papismus und der bösartige Judaismus die fürchterlichsten sind, und wodurch mehr Seelen an einem Sonntage oder an einem Sonnabend hingerafft werden als an den schrecklichen Abenden zu Drurylane in einer Komödie oder in einem Ballett; daß man, sage ich, solche Krankheiten nur durch moralische Mittel heilen könne, ist ein Vorurteil, welches unsere alten Seelenquacksalber von einem ähnlichen der gemeinen Quacksalber und Marktschreier hergenommen haben. Diese letztern haben nämlich lange geglaubt, Krankheiten des Körpers ließen sich nur durch physische Mittel heilen. Wie unsere guten Alten aber in diesem Punkte haben im Finstern herumtappen können, verstehe ich nicht so ganz recht. Denn laßt sie Influxionisten, laßt sie Occasionalisten, laßt sie Harmonisten gewesen sein, ja laßt sie mein bekanntes Pulversystem gekannt haben, welches zwischen das erste und zweite der oben erwähnten fällt; so hätten sie allemal auf diese Entdeckung geraten müssen. Man hat aber freilich den Grund dieser und mancher andern Oszitanz unserer Väter in der besonderen Einfalt und dem guten Herzen derselben zu suchen, wovon ihnen der Himmel, zum äußersten Nachteil ihres Verstandes und Witzes, doppelte Portion zugemessen hatte. Mit der Entdeckung ist es ungefähr so zugegangen. Die Ärzte haben nämlich schon lange bemerkt, daß man, um gewisse Krankheiten zu heilen, die Arzneien auf die den kranken Gliedern gerade entgegengesetzten Teile des Leibes applizieren müsse. Wenn jemand z. B. ein Brausen in den Ohren verspürte, so steckte man ihm die Füßte in lauliches Regenwasser; hatte der Schlag jemanden auf der rechten Seite gelähmt, so öffneten sie eine Ader auf der linken; hatte jemand die Krätze auswendig auf der Haut, so schmierten sie den Patienten nicht auswendig, sondern inwendig; saß endlich die Seele jemandem auf der Zunge, gut, so legten sie Blasenpflaster auf die Waden. Ja, einige gingen so weit, daß sie glaubten, unheilbare Krankheiten könnten ihren Sitz nur in solchen Teilen des Leibes haben, die keine entgegengesetzten hätten, und daß der Tod diejenige Krankheit sei, die den Ärzten seit jeher am meisten zu schaffen gemacht, rühre einzig und allein daher, daß er alle Teile auf einmal so angreife, daß gar keine entgegengesetzten mehr übrig blieben. Dieses war auch die Zeit, da man, wenn die Frau in Kindesnöten war, den Mann in einen Topf blasen ließ, oder daß sich der letztere gar in das Bette legte, wenn die erstere durch eine Niederkunft geschwächt worden war. Nun war nur noch ein kleiner Schritt zu tun, so leicht, daß, sobald er getan war, jedermann gleich sah, daß er ihn auch hätte tun können. Der ihn aber getan hat, ist vergessen, so wie es allen denjenigen braven Männern geht, die ihre Entdeckungen auf der geraden Heerstraße und nicht auf absichtslos angestellten Streifereien und von ungefähr machen. Der Schritt war folgender: Die Seele ist ein dem Körper gerade entgegengesetzter Teil des Menschen. Wie also, wenn man alle Krankheiten, namentlich die, deren Sitz in der Fläche liegt, durch welche der Mensch in zwei gleiche und ähnliche Hälften geteilt wird, durch eine auf die Seele applizierte Kur zu heilen suchte? Und umgekehrt, Krankheiten der Seele durch Mittel am Leibe. Seht, dieses ist die ganze, simple Theorie der Heilart, von der ich jetzt etwas Mehreres gedenken werde. Einen recht herrlichen, gründlichen und dabei faßlichen Beweis von der Richtigkeit der Heilart selbst, bei Krankheiten des Leibes sowohl als deren gehöriger Übertragung auf die Krankheiten der Seele, gibt das Beispiel von den beiden zusammengewachsenen Mädchen, wovon man in zwei sonst unter uns Geistlichen unbekannten Büchern, ich meine in den Transactionibus Philosophicis und in Hrn. *Reimari,* eines Weltlichen, Buch: »Von der natürlichen Religion« Nachricht findet. Die Sprichwörter oder die Philosophie der Toren spricht zwar den Gleichnissen die Stärke eines Beweises ab, omne simile claudicat, sagen sie, ferner similia illustrant, non probant, welches einer von uns, aber ein Scandalum ecclesiae, der Präbendarius *Sterne* zu York νῦν, ἐν γεέννᾳ τοῦ πυρός nach seiner skurrilen Unart durch: *Brillenwischen ist noch kein Syllogismus* übersetzt. Aber was hat man sich um solche Possen zu bekümmern, man muß ihnen nicht einmal die Ehre antun, sie wegzuräumen, wenn sie über den Weg hinliegen, sondern gelassen und frisch zu marschieren. Diese Mädchen waren das vollkommenste Ebenbild von Leib und Seele, das man seit der Schöpfung gesehen hat. Durch diese Erscheinung hat gleichsam die Seele den Weltweisen nach einer Blockade von ein paar tausend Jahren die Schlüssel zu ihren Geheimnissen präsentieren müssen. Diese Mädchen waren von Jugend an zusammengewachsen wie Leib und Seele; eine war munterer, geistiger Natur und stellte die Seele, die andere träg und schläfrig und stellte den Körper vor. Sie halfen sich wechselweise wie Leib und Seele und lagen sich zuweilen einander in den Haaren wie mut. mut. Leib und Seele auch. Zuweilen wollte die eine da hinaus, wenn die andere dort hinaus wollte, da denn die stärkste die andere auf den Buckel nahm und hinging, wo sie hin wollte, so wie wir an Leib und Seele sehen. War Helena lustig, flugs war es Judith (so hießen sie) auch; hingegen ließ Lenchen den Kopf hängen, so hielt ihn Jüdchen auch nicht mehr. Doch hatten beide auch eigene Krankheiten, und da hat man denn Folgendes befunden. Wenn Jüdchen sich den Magen überladen hatte, so wurde Lenchen purgiert; hingegen schlug man Jüdchen eine Ader, wenn Lenchen über Wallung klagte. Verfuhr man anders, so wurde der einen nicht allein nicht geholfen, sondern die andere wurde auch krank. Die Ursache davon liegt am Tage, denn daß Kuren Krankheiten sind, kann man außer den schönen Beweisen, die Hr. Unzer in seinem Arzt für diesen Satz anführt, allein schon daraus sehen, daß man daran sterben kann. Hatte nun eine von beiden schon eine Krankheit, und man kam mit noch einer angezogen, so mußte allerdings die Verwirrung so groß werden, daß sie sich auf die andere erstreckte. Aus diesem allen gehörig zusammen genommen, erhellt nun sonnenklar, daß man bei Seelenkrankheiten die Mittel auf den Leib applizieren müsse. Ja, wenn man die Alten nachschlägt, so findet man, so wie überhaupt von allen unsern leidigen Entdeckungen, schon Spuren dieser Heilart, die schon ihren bloß *natürlich* guten Köpfen nicht entwischt ist. Die Rute ist nämlich schon seit jeher als das kräftigtste Mittel gegen einige Krankheiten des inneren Kopfes bekannt gewesen. Freilich hat diese ihre besondere Wirksamkeit auch dem doppelten Gegensatz zu danken, der bei ihrem Gebrauche stattfindet. Denn erstlich wird sie nicht bloß auf den Leib, als das Entgegengesetzte der Seele, sondern auch auf einen solchen Teil des Leibes appliziert, der dem Kopfe als dem Sitze derselben gerade entgegengesetzt ist, zumal wenn der Mensch im natürlichen Zustande ist und auf allen Vieren geht. Vom Irrtum abbringen, heißt aber bekehren, also bekehrte man schon lange durch körperliche Mittel. Ja, in dem klugen England sind daher täglich an die 1000 Hände beschäftigt, selbst erwachsene Herzöge und Lords auf diese Art zur Wahrheit zu führen und von der angeborenen Unart abzubringen. So wie man nicht alle Krankheiten mit Rhabarber und China heilt, sondern auch zuweilen wahre Leckerbißlein, Zunge, Magen und Herz stärkende Tropfen, warme, kräftige Brühen und wohlriechende Aufschläge gebrauchen muß, so eben auch hier. So versprechen die gelehrten Gesellschaften 50 Dukaten demjenigen Körper, dessen Seele die beste Abhandlung über eine gewisse Materie liefert, und heilen dadurch oft die Schlafsucht, in welche die Seelen eines ganzen Distrikts verfallen waren; die Gefäße eröffnen sich, die Ideen sammeln sich, und die Schlüsse ergießen sich. So könnte ich mit leichter Mühe hundert Beispiele anführen; allein was dem Schriftsteller gar zu leicht wird, muß er dem Leser überlassen. Ich fahre also in der Hauptsache nunmehr wieder fort.

Ich habe nämlich die Antwort auf die Frage: ob die Bekehrung, die durch Mettwürste geschieht, billig und rechtmäßig, ob solche Christen für echte zu erkennen, oder ob sie, wie die Prinzen vom Berge Libanon oder wie die Greifswaldischen Magister zu Upsal, nicht für voll anzusehen seien, dahin gebracht, daß nur ein Unmündiger oder Verstockter noch an der Gültigkeit solcher Christen zweifeln kann. Denn ich will nicht hoffen, daß ihr euch an dem Worte Mettwurst stoßt, alsdann könnte ich euch wiederum eure kindische und recht läppische Art zu denken vorrücken, denn während als ihr andere verlacht, die sich durch Mettwürste haben bekehren lassen, laßt ihr euch selbst durch den Schall des Worts *Mettwurst* verleiten, die Schwere eines überwiegenden Arguments nicht zu fühlen. Welches ist ärger? Sprecht, ihr Kurzsichtigen, wenn ihr anders gefaßt habt, was ich euch gepredigt habe. Doch aus Liebe zu euch, aus Mitleiden mit eurer Blödsinnigkeit und weil ihr von dem Commercio animae et corporis gänzlich nichts wißt, nehme ich mir die Mühe, euch etwas in die Seelenlehre zu führen, ob ich gleich weiß, daß solche Sachen selten haften, wenn sie nicht zur Zeit des leidenden Studierens erlernt werden, so lange sich nämlich der Probierstein, auf den im Alter alles gestrichen werden soll, noch selbst ein wenig nach den Sachen bequemt. Wenn ich sage, daß jemand durch eine Mettwurst auf eine bessere Meinung verleitet werden könne, so verbinde ich damit keinen so rohen Begriff, als ihr vielleicht denkt. Ich meine nicht, daß ein Geruchteilchen, das sich von der Wurst losreißt, durch einen Stoß die Seele auf andere Gedanken bringen könne. Dieses sind rohe, sündliche Ideen, die von Anfang zwar der Einbildungskraft etwas schmeicheln, aber ehe man sich es versieht, so steht man in der Mitte zwischen Lamettrie und dem Teufel. Ein körperlicher Stoß ist noch kein geistischer Bewegungsgrund. Wenn Geruchteile durch ihren Stoß den Gedanken hervorbringen könnten oder der Gedanke die Bewegung wäre, so müßte umgekehrt der Gedanke die Geruchteilchen wieder stoßen können; mit einem Wort, man würde in den meisten Fällen riechen können, was die Menschen denken, und so mit andern Sinnen. So ist es nicht. Es sind zwar von der Nase bis an die Seele, vorausgesetzt daß sie zu Hause ist, etwa drittehalb Pariser Zoll, wenn man zwischen allen Meinungen ein arithmetisches Mittel nimmt. Aber, wohlverstanden, jenes bleibt immer die erste und dieses die letzte Instanz, und nichts kann doch weiter voneinander sein als das Erste und das Letzte. Ich stelle mir die Sache so vor (und dieses ist mein oben erwähntes System, welches ich wegen des Anlasses zur Erfindung das Pulversystem genannt habe). Alle Entschlüsse, von dem Sich-selbst-zu-ermorden an gerechnet bis zur Selbstvergötterung und allen unendlich dazwischen fallenden, liegen in der Seele, so wie der aër fixus im Schießpulver, und so wie diesen ein einziges Fünkchen lösen und die fürchterlichsten Wirkungen hervorbringen kann, so eben auch da. Ihr berührt mit einem kleinen Finger den Drücker einer Flinte, und ein Schwein sinkt in den Staub. Eine Wurstpartikel trifft den Geruchsnerv eines Juden, und der Jude wird bekehrt. So, glaube ich, liegt in allen Juden der Entschluß, sich taufen zu lassen, nur das Fleckchen, wo das lösende Fünkchen auffallen muß, ist uns verborgen. Bald ist es hier, bald dort, ja bei diesem Menschen anders als beim andern, der gerät in Flammen durch leibliche, der durch geistische Zündmaterialien. Ich verbitte mir alle Einwürfe und versichere, daß ich sie alle heben kann, aber es erfordert mehr Zeit, als ich darauf zu verwenden verbunden bin, da überhaupt diese ganze Ausschweifung ein Leckkuchen ist, den ich euch aus väterlicher Liebe vor eure losen Mäuler halte, und den ich ganz hätte können stecken lassen. Weil ich aber aus vielfältiger Erfahrung weiß, daß der Ungläubige einen Beweis in geistlichen Dingen nicht glaubt, wo er nicht die Sache auch im Weltlichen wahr findet, so will ich noch ein Beispiel anhängen von einer sonderbaren Seelenwirkung, welcher durch einen physischen Stoß nach meinem Pulversystem Luft gemacht worden ist, woraus ihr zugleich sehen könnt, wie wunderbar zuweilen die Natur bei einem Menschen das zu einem Entschluß gehörige Zündloch angebracht hat, so daß ich glaube, daß eine vollständige Theorie dieser Zündlöcher der höchste Flug des theorisierenden Menschen wäre, wogegen des albernen, oberwähnten Präbendarii Sterne mit so vielem prahlerischen Wörterkram versprochene Theorie von den Knopflöchern wahres Kehricht und Sentinisches Gewäsch sein müßte. Die Geschichte ist die: Warum der Mond ohne Nagel und Strick dort oben hängt, ohne uns auf die Köpfe zu fallen, wenn wir drunter weggehen, hat ein alter Inspektor bei der Münze zu London erraten, als ihm einmal ein Apfel, der nicht größer als eine Faust war, von einem Baume auf die Nase fiel. Nun haben die Philosophen über diese Materie seit jeher schon in ihren Nasen gegrübelt, auswendig daran gegrübelt, den Zeigefinger daran gerieben, die ganze Nase in ein Buch gesteckt, sie wieder herausgezogen, in die ganze Hand genommen, Brillen darauf gesetzt, sie an die Tubos angestoßen, ja gar, wie *Thales* und *Bianchini,* bei der Nacht beim Observieren gestolpert und darauf gefallen, und doch haben sie das Fleckchen nicht getroffen, vermutlich weil es bei allen diesen Leuten nicht auf der Nase gelegen hat. Hier bei diesem Manne war die Entdeckung gemacht, so wie der Apfel die Nase berührte. Fühlt ihr nun die Stärke der Demonstration? Ob ich aber gleich gezeigt habe, wie eine solche Bekehrung als gültig ohne weitere Probe zu erkennen sei, so müßt ihr wissen, daß es doch teils noch feiner mit der Bekehrung zugegangen sein kann und, wie ich aus gewissen Umständen schließen kann, wirklich zugegangen ist, teils auch die Leute keine Vorwürfe verdienen würden, wenn es auch noch gröber und körperlicher zugegangen wäre. Nun habe ich euch zwischen zwei Feuern, und außerdem könnte ich euch noch in die Luft sprengen. Ich sage es euch voraus, entgehen könnt ihr mir nicht mehr, ihr mögt gelindere Saiten aufspannen oder gröbere oder auf den alten fortfiedeln. Laßt einmal sehen, was ihr anführen könnt zu beweisen, daß die Würste nicht die Veranlassung, sondern die Hauptursache gewesen wären. Der eine Jude, sagt ihr und meinet den hiesigen, habe sich gar nicht halten können und lange vor der Wiedergeburt Wurst gegessen, damit habe sich der Betrüger verraten. Schweigt mit den satirischen Beinamen stille, sage ich euch, könnt ihr denn keinen Menschen anklagen, ohne solche schielende Ausdrücke zu gebrauchen? Ich sage, die Handlung ist edel. Wurst essen ist eine christliche Handlung, wozu ein neubekehrter Jude am ersten Gelegenheit, zumal in G..., findet, wo man in allen Häusern welche antrifft. Hingegen zur Ausübung anderer Pflichten eines Christen, als z. B. der allgemeinen Menschenliebe, Verträglichkeit und zur Erfüllung des *Alles was ihr wollet*, dazu sitzen die Gelegenheiten nicht so dick, ja es hat wohl eher graubärtige Christen und selbst welche unter uns Geistlichen gegeben, die in ihrem ganzen Leben nicht ein einziges Mal dazu haben Gelegenheit finden können. Ich glaube noch immer, die Würste waren eine Nebensache, denn haben sie nicht alle beide ihr Glaubensbekenntnis mit dem gehörigen Gesicht abgelegt? oder sie sind just der unendlich kleine Ausschlag gewesen, der noch nötig war, die schon bereits sinken wollende Schale niederzudrücken, und da ist eine Wurst allemal etwas, so lange man nicht beweisen kann, daß sie gar nichts ist. Ich stelle mir vor, der Jude fand eine Gleichheit der Gründe für beide Religionen; ich schließe dieses aus dem Gesichte, das er einmal machte, als er mir auf einem einsamen Spaziergange begegnete, und nun hing er zwischen zwei Religionen wie Buridans Esel zwischen zwei Heubüschen, hier kamen die Würste auf unsrer Seite dazu, nun drehten sich erst die Augen, dann der Kopf, und so war es geschehen. Ohne diesen Umstand hätte er zwischen zwei Religionen unschlüssig hängen können, bis ihn der Teufel abgeschnitten hätte.

Gesetzt aber auch, das wäre alles nicht gewesen, die Würste sollen ihnen einmal weder die Augen zum Beweis geöffnet noch auch zum Anlaß gedient haben, ihr Licht leuchten zu lassen, sondern sie sollen schlechtweg dadurch bewogen worden sein, Christen zu werden, ist denn das so etwas gar Entsetzliches? Ich sehe es nicht ab.

Denn für das Erste, so heißt *bekehren* so viel als *werben*. Daher auch der berühmte *St. Whitfield* in England einen

Tambur, der die Werbetrommel in der Gegend schlug, wo er selbst, mit Butlero zu reden, die Werbekanzel rührte, einstmalen so anredete: *Höre, guter Freund! Wir werben beide, du für deinen König, ich für meinen Erlöser, laß uns einander nicht um unsere Rekruten bringen.* Selbst der Tambur fühlte die ganze Schwere dieser Ähnlichkeit und ging so weit weg, daß weder St. Whitfield seine noch er St. Whitfields Trommel hören konnte. Wenn aber nun bekehren werben heißt, so bedenkt einmal selbst, wie viel Rekruten würde der König von Preußen in den Schlesischen Kriegen bekommen haben, wenn er sie durch lauter deutliche Vorstellungen seiner gerechten Ansprüche auf Schlesien hätte anwerben wollen? Antwort: Vielleicht gar keine. Gründe sind nicht für jeden Magen. Aber so wurde der eine mit Gewalt, der andere mit List, ein Dritter mit Geld, ein Vierter mit Branntwein, der Fünfte mit Versprechungen zur Erkenntnis des Systems der Ansprüche geführt. Die Überzeugung war da, und wenn der Kerl hieb, so sah man dem Säbel nicht an, ob die Kraft, die ihn führte, aus dem Kopf oder aus dem Magen kam. Ja, unter uns Protestanten gesprochen, wenn wir nicht, wie andere Christen, anfangen, besseres Handgeld zu geben und weniger Vernunftschlüsse gebrauchen, so werden wir nicht allein keine Rekruten mehr machen, sondern unsere Leute werden uns durchgehen wie die Holländer.

Für das Zweite heißt bekehren so viel als umkehren, das ist, das Ende A hinbringen, wo vorher das Ende B gewesen war. Von der Art, wie solches zugegangen, kommt und gehört nichts in die Definition, und es verrät Unverstand, wenn man es hineinbringen will, oder müßige Neugierde, wenn man von einem Dinge, das man umgekehrt haben wollte, das man einem auch umgekehrt hat, noch wissen will, auf welche Art man es umgekehrt habe.

O wollte nunmehro der Himmel, daß dieses eure Einwürfe alle gewesen wären! daß ich jetzo abtreten könnte, da ich euch euren Unverstand, müßiggängerische Bosheit, philosophische Kleinmeisterei, Unerfahrenheit und Schalkheit genugsam vor die Augen und die Nase gelegt habe! Aber noch darf ich nicht schweigen. Bisher habe ich den sanften Pflichten eines Advokaten obgelegen, nun beobachte ich die strengeren und herberen eines Richters. Bisher hat Gottes Langmut aus meinen Vernunftschlüssen gelächelt, nun, Würmer! höret seinen Donner. O! die Stunde eurer Geburt wollte ich segnen und den Tag eures Todes in der Asche begehen, wäret ihr bloß dumm und unverständig, vielleicht wäret ihr doch fromme Bürger. Aber so merke ich, daß die Seuche der Freidenkerei und des Leichtsinns, ja daß der sogenannte schlichte Menschenverstand und sogar die satanische Unterscheidung der Begriffe *Theologe* und *Gesandter Gottes,* die doch einerlei, in eure Werkstätte eingedrungen sind. Aber der Geruch eurer Bosheit ist zu uns und zum Himmel gestiegen, dessen Boten wir sind – wartet – der Zorn wird über euch kommen. Haben gleich unsere protestantischen theologischen Fakultäten keine Schwerter und keine Flammen wie die theologischen Fakultäten zu Mexico und Japan, so sind wir dennoch schrecklich, unser gelähmter weltlicher Arm ist noch immer stark genug, solche Insekten zu zerknirschen und solchen Mücken zu wehren. Wißt ihr wie? Ein Federstrich macht euer Vergehen zu Straßenraub und Gotteslästerung; ein Fältchen, im Gesicht zur Stunde gezogen, eine Achsel, im Audienzsaal gehörig gezuckt, ein Seufzer, mit Bedacht eingeschaltet, fällt eurer steigenden Beförderung in die Flügel und macht euch zu ewigen Hofmeistern, ewigen Advokaten oder ewigen Musketieren. Zittert hierbei und denket nach.

Ich werde warm. Dem Himmel sei es tausendmal gedankt, daß ich es noch werden kann. Welcher rechtschaffne Kandidat wird es nicht werden, wenn er eine Rotte blinder Lottersünder sprechen hört (mit Abscheu wiederhole ich die Blasphemien): *Man solle gar keine Proselyten mehr machen; ein rechtschaffner Mann bleibe bei seiner Religion oder ändere sie vor Gott allein, heimlich und ohne Pomp; Lavater habe seinen Unverstand und Mangel an philosophischer Welt verraten, daß er mit Mendelssohns philosophischer Ruhe als mit seinem Eigentum ungebeten gespielt und diesen Weisen habe bekehren wollen; er habe sich durch sein langes Gucken in die Ewigkeit die Augen ganz für den zeitlichen Horizont verdorben; er solle, statt solche Dinge zu unternehmen, lieber zu seiner eigenen höchstnötigen und nicht lange mehr aufzuschiebenden Kur ein weltliches Buch lesen, z. E. den Apollonius von Kegelschnitten,* und was dergleichen unverschämte, minute, zotenartige Tiraden sind.

Was? keine Proselyten mehr machen? Keine Seelen mehr retten? Wißt ihr, was die Folgen sein würden? der Teufel würde Proselyten zu Tausenden machen. Atheisterei, Toleranz, geistliche Anarchie, allgemeiner Umgang mit Juden, Heiden und Heidamacken würde daraus entspringen. Einen Juden, der ein *natürlich* ehrlicher Mann wäre, würde man für seinen Nebenmenschen ansehen, ja gar vielleicht manchem Christen vorziehen. Es ist ohne Schauder nicht daran zu gedenken. Aber lieb ist es mir doch in gewissem Betracht. Ich habe schon ein decennium vorausgesehen. Das sind die Folgen von eurem verfluchten Studium des Altertums, von euren geheimen Geschichten des Herzens, von eurer Seelenanatomie und Physiologie, von euren feinen Pädagogiken, euren mathematischen Naturlehren und populären Art, euch auszudrücken, daß wir nun eine nordwestliche Durchfahrt zum Teufel entdeckt haben, worauf sich jetzt jeder Schafskopf in seinem Schlafrock selbst hinfinden kann. Zeigt mir, wo haben unsere Vorfahren solche Reden geführt? sie haben sich um ihrer Hände Arbeit bekümmert, aber wenn sie an uns und an die Religion gedachten, da war ihr Wahlspruch: *Zittere und bete an,* und nicht wie jetzt: *Denke und untersuche,* und ich möchte fast hinzusetzen: *und fahre zum Teufel.*

Ein rechtschaffener Mann ändere seine Religion gar nicht oder doch nicht mit Pomp. Ist das nicht schändlich? Wißt ihr auch, Leute, daß die Hölle auf solchen Reden steht? Antworten auf solche Blasphemien gehören nicht für die Kanzel und den Katheder, sondern für das Rad und den Block, welche die Lauigkeit unserer Vorfahren, leider! zu weit von der Kanzel abgedrückt haben. *Nicht mit Pomp.* Pomp! Was war denn für Pomp bei der Judentaufe? Nicht mehr als bei einer Magisterpromotion und kaum so viel. *Aber Opponenten hatten sie genug,* höre ich einige sprechen. O ihr Wölfe in Schafskleidern, meint ihr, ich sähe nicht, daß dieses ein witziger Einfall sein soll? Aber auf Witz lasse ich mich nicht ein; wenn ihr kämpfen wollt, so nehmt Waffen wie ich und kommt herauf, damit man Ehre davon hat, wenn man euch in den Staub legt.

Und du guter *Lavater,* wie haben sie dir mitgespielt! Ich weiß es wohl, was dich antrieb, deine Briefe und deine Vorreden zu schreiben. Es schmerzte dich längst so gut wie mich, daß es Christen gibt, die noch jüdische Bücher über die Unsterblichkeit der Seele lesen können. Der Schande! Als wenn man von einer Judenseele auf die unsrige schließen könnte! Ich weiß es wohl, daß du dich schon im Geiste die Stütze der christlichen Kirche und den unsterblichen Bekehrer Mendelssohns wirst haben nennen hören. Ich sehe gar zu deutlich, wie sehr es dich schmerzen muß, da dir nun alles mißlungen ist, ja da du, wiewohl unschuldiger Weise, die Sache schlimmer gemacht hast, als sie vorher gewesen war, indem mancher Jude, der uns noch wohl einmal gekommen wäre, es jetzt brav wird bleiben lassen. Denn wie viel Nachdenken ist jetzt den andern Juden durch diese Standhaftigkeit des weisesten unter ihnen erspart worden, ja eine rechte Stütze ihrer Hartnäckigkeit, die gegen alle unsere Exempel von Judenbekehrungen aushält, haben sie jetzt dadurch erhalten. Denn sagt, welcher Jude kennt seine und unsere Religion besser als *Mendelssohn* (unsere Proselyten nehme ich der Erleuchtung wegen aus)? Welcher Jude unter den lebendigen führt eine so feine Waage, Gründe abzuwägen, als er? Und wiegt nicht ein Kopf voll bon sens ganze Herzen voll Wärme, voll frommer Glut und voll redlicher Absichten auf? Ja, es muß dich, teurer Freund, um so mehr betrüben, da dir deine schöpferische Einbildungskraft noch alle jene Vorstellungen mit Farben der Engel ausgemalt haben wird; ich kann mir vorstellen, daß du selbst da Göttersprüche in der Hofsprache des Himmels zu reden geglaubt haben wirst, wo Mendelssohn nur gutes schweizerisches Deutsch und gute warme Absichten sah. Desto mehr, teurer Märtyrer, schmerzt es mich, da du von vielen für einen ohnmächtigen Enthusiasten gehalten wirst, daß du dich so betrogen findest. Habe aber Dank von mir, du wirst dereinst, wenn du in penetrablem Licht wandeln und durch Kristallinsen, deren Brennpunkt du selbst berechnet hast, in die Ewigkeit hinausschauen kannst, reichlich dafür belohnt werden. Dann wirst du das Vergnügen, das du jetzt oft zwischen Wachen und Schlafen empfindest, ganz wachend, mit starken Nerven durch alle Poren einsaugen, daß nicht so viel verloren geht, als in der Hölle oder in dem Kabinett eines Meßkünstlers anzutreffen ist. Es ist aber unstreitig eine Schande unseres Zeitalters, daß man so viel warme Religion in einem so jungen Manne verkennt. Bei dem geringsten Spruch aus der Bibel verfällt er in geistliche Zuckungen, scheint im Meer der ewigen Wonne zu schwimmen und, in nie gefühlte Empfindung aufgelöst, spricht er, und mit dem Unaussprechlichen schwanger, wallt sein sterblicher Ausdruck daher, so daß man leicht an einem schönen Abend die Schwingungen fängt und in einer andächtigen und unaussprechlich heiligen Entzückung wegdämmert. Ihr Philosophen solltet es nicht einmal dulden, daß man ihn verkennt; sagt, wo findet ihr, daß ich eure Sprache rede, mehr psychologischen Stoff als in des frommen Mannes Aussichten in die Ewigkeit? Mir graute zuweilen, wenn ich ihm nachsah; auf der Scheidewand zwischen Wahnwitz und Vernunft, wo sie am dünnsten ist, läuft er euch hin wie wir auf der gleichen Erde und kommt selten ohne eine Ladung des Unsäglichen wieder zurück. Ich sage, er ist und bleibt ein außerordentlicher Mann.

Daß unsere Proselyten seinen Beweisen vieles zu danken haben, habe ich auf dem Titel allein anzuzeigen für nötig erachtet, indem dieses den Juden niemand zur Last leget, und ich habe lieber das Publikum, das es glaubt, so gerade dabei lassen, als durch Beweise, daß es wirklich an dem sei, der leidigen Zweifelsucht einen Plan in die Hände spielen wollen, nach welchem sie auch von dieser Seite uns zu weitläufigern Äußerungen bringen würden, als die ganze Sache wert ist, da wir einmal, wie ich hoffe, die Rechtmäßigkeit, Aufrichtigkeit, das ungeheuchelte Wesen und die Sinnesänderung unserer Neugeborenen in das klärste Licht gesetzt haben.

Ich wende mich nunmehr noch zuletzt zu euch, meine Freunde und Brüder! Glaubt nicht, daß ich durch den *Timorus* etwas von euch oder euren Bekehrern zu erhalten trachte. Meine Absichten sind rein, völlig frei von allem Eigennutz und finden ihre Belohnung in eurer künftigen Sicherheit vor allen müßigen Verleumdungen. Sowohl die feinere, die um den Kaffeetisch lebt, als ihre grobe Schwester, die an den Ecken der Gassen steht, wird die Hand auf den Mund legen. Wäre ich bei euch geblieben, so hätte ich meinen Namen gewiß verschwiegen, um euch die allezeit erniedrigende Mühe der Danksagung zu ersparen; da ich aber gewiß weiß, daß ich vor Bekanntmachung dieser Schrift nicht mehr bei euch sein werde, so habe ich es nicht unterlassen wollen. Ehrt mich aber ja nicht mehr als andere Christen, oder schließt mich nicht allein in euer Gebet ein. Denn der beste Teil der Stadt denkt so von euch wie ich, der ich nur ein schwaches Werkzeug abgegeben habe, ihre Gesinnungen der schlimmeren Hälfte mit Ernst und Nachdruck bekannt zu machen. Nachdruck in dem Verstande genommen, worin wir es nehmen, nämlich da wir, wenn die Widerlegung mit Gründen geschehen ist, noch *hintennach* mit Eifer *drükken.*

Zum Zeichen, daß ich es gut mit euch meine, und um selbst einige eurer Feinde zu nötigen, euch Gutes zu tun, so habe ich die Veranstaltung getroffen, daß das für diese Verteidigung einkommende Geld euch unverzüglich zugestellt werde. Wachset im Glauben. Geschrieben zu G.... im August 1771.

Gnädigstes Sendschreiben der Erde an den Mond

Unsern freundlichen Gruß zuvor,
sonst lieber getreuer u. s. w.

Es wird euch hoffentlich nicht befremden, daß Wir dieses Mal Unserer Gewohntheit, in Unserer uns angestammten, lieben Muttersprache, nämlich dem Hebräischen, mit Euch zu konferieren, entsagen und deutsch schreiben. Wir haben dieses für dienlich erachtet, teils, weil die Sache, die wir Euch zu kommunizieren haben, nicht sowohl kosmisch und universal als vielmehr literarisch und partikular ist; teils auch, weil sie besonders Unsere vielgeliebten Deutschen angeht, über deren Angelegenheiten, seit ihrer Verfeinerung, es sich so wenig hebräisch denken und schreiben läßt als über Unsere und Eure Marschroute um die Sonne in der Sprache meiner unerzogenen Yameos, die nicht auf drei zählen können.

Es kann, oder sollte wenigstens Euch, als Unserm Nachbarn und Vasallen, nicht unvergessen sein, wasmaßen Wir seit Unserer Thronbesteigung und glorreichen Regierung Euch beständig mit Gnadenbezeugungen überhäuft haben, wogegen Eure Uns zwar pünktlich geleistete, aber immer an sich unbeträchtlichen Dienste keineswegs gerechnet werden mögen. Kraft des Euch zugeflossenen Dekrets sub dato den ersten Jänner anno 1 A. C. N. haben Wir Euch zu unserm Reichsgroßlaternenträger und ersten Leibtrabanten allergnädigst bestellt, und Ihr habt, was das Letztere anbetrifft, Euch so verhalten, daß Wir gnädigst eingestehen, Wir würden Uns höchsten Orts einer gnädigen Lüge schuldig machen, wenn Wir sagten, Ihr seid darin untreu verfahren, maßen Uns Ihr auch nicht ein einziges Mal den Rücken gewandt. Inbetreff aber des Reichsgroßlaternenträgeramtes sei es Euch huldreichst unverhohlen, daß Ihr dasselbe gleich anfangs in meinen besten Staaten ziemlich ökonomisch (um Uns jetzt aller minder huldreichen Ausdrückungen zu entheben) verwaltet und Euer Licht oft verlöschen lassen, wenn es am nötigsten war, und dadurch nicht selten Anlaß zu allerlei Konfusionen und allemal ein böses Exempel gegeben habt. In Eurem Archiv wird sich noch ein deshalb an Euch in dem ersten Jahre Unserer Regierung ergangenes gnädigstes Monitorium befinden, worin Wir Euch ein solches in gnädigst derben Ausdrücken verwiesen. Als Ihr aber augenscheinlich den Starrkopf und gewissermaßen den Mann nach der Uhr zu machen anfingt, so haben Wir huldreichst nach reiflicher Überlegung und in Rücksicht auf Euren anderweitigen Diensteifer nachgegeben und in Unsern Hauptstädten Gassenlaternen anzulegen geruhet. Allein hiermit ist dem Übel, der großen Kosten ungeachtet, noch gar nicht gesteuert. Denn leider folgen eben diese Gassenlaternen jetzt nur zu oft Eurem leidigen Bespiele und haben Neulicht, wenn sie entweder volles haben oder doch im letzten Viertel sein sollten. Und was Wunder? Wenn das große Reichsnachtlicht es so macht, was soll man von den Reichsnachtlichterchen sagen? Sollen wir sie etwa beständig Jahr für Jahr brennen lassen? Da kostete Uns die Finsternis mehr als das Licht. Oder soll ich studierte Lampenwärter halten, die dieselben nach den Epakten und photometrischen Grundsätzen anstecken? Oder den Astronomen, die nunmehr um die profitable Astrologie gekommen sind, etwa dafür den profitablen Gassenlaternenpacht übertragen? Was? – –

Weiter. Wir suchten Euch durch Güte zu gewinnen und übertrugen Euch die Aufsicht über Unsern großen Salzwasservorrat und dessen täglich etlichemal nötige Rüttel- und Schüttelung, und überdas noch in Unserm höchsten Wind- und Wetterkollegio Sitz und Stimme. Ja, Ihr erhieltet bereits vor ziemlicher Zeit eine Ehre, worüber Euch selbst alle Sonnenheere beneiden könnten, nämlich mit Zuziehung der

Sonne die Zeit des Osterfestes zu bestimmen. Ob wir nun gleich fürs erste Euch in dem Besitze derselben zu lassen gedenken, so können Wir doch gnädigst nicht ganz in Abrede sein, daß Uns jener Schritt, wegen der sonderbaren Art, womit Ihr Euch dabei betragen habt, in etwas nachgerade zu gereuen anfängt. Sagt, wart Ihr, Starrkopf, nicht Ursache, daß meine gescheutesten Kinder, ich meine die Christen, einander fast auf eine recht unchristliche Weise sich darüber in die Haare geraten wären? Und hätten meine lieben Protestanten, die noch dazu Recht hatten, nicht nachgegeben, so hätten in den gemischten Städten die doppelten Ostern und Pfingsten natürlich auch doppelte dritte Feiertagsandachten auf den Wirtshäusern und Krügen nach sich gezogen. Hieraus wären natürlich doppelte gelehrte Dispute zwischen Fleischer-, Schuh-, Müller- und andern Knechten entstanden, woraus denn notwendig ein reziprokes Satyrisieren, Prügeln und Moreslehren gefolgt sein würde, erst mit dem Stuhlbeine und der Faust, dann mit der Flinte und dem Zeigefinger. Ja, man hätte, wie es gewöhnlich geht, die Sache endlich wohl gar aufs große Spiel gesetzt und, um zu sehen, wer Recht hätte, mit 24 Pfündern nach Regimentern gekegelt, und so hätten leicht 100 000 meiner Kinder in die Grube fahren können, um was auszumachen? – – die Zeit, wann ihr Erlöser aus derselben auferstanden ist. Seht, solche Sachen macht Ihr. Allein dem Himmel sei tausendfältiger Dank, dieses hat nun nichts mehr zu bedeuten. Aber glaubt ja nicht, daß damit Eurer Osterunfug ganz gehoben ist; Ihr reguliert die Messen der Kaufleute, und weil die Gelehrten unter den Kaufleuten stehen, so zerfallen daher die semestria academica öfters in zwei so unbrüderliche Hälften, daß man glauben sollte, ein Kaufmann hätte sie zwischen sich und einem Gelehrten geteilt. Sie verhalten sich nämlich fast wie 5 zu 7 und sind also wirklich in dem Falle der beiden algebraischen Schläferinnen, deren eine noch ein Schaf von der andern verlangte, um noch ein Mal so viel zu haben als sie, da es doch vernünftiger gewesen wäre, sie hätte jener eins gegeben, so hätten sie beide gleich viel gehabt. Durch diese ungerechte Teilung geschieht es dann, daß z. B. die Pandekten, die ohnehin schon doppelte Zeit fressen, endlich, wenn es mit ihnen zu Ende geht, gleichsam als fräße der Tod aus ihnen, dreifache, ja vierfache Portion verlangen und den gutherzigen mathematicis und philosophicis, quasi πᾶν δεχόμεναι, alles vor dem Munde wegnehmen. Daher es dann kommt, daß selbst das *Studium* des Rechts (von der Ausübung wollen Wir gar nicht einmal reden), schon mit Unrechttun anhebt; diese digesta in allen andern Dingen indigestionen nach sich ziehen, ihr subtiles Babel über das ganze Leben verbreiten; das Sprichwort daher wohl recht hat: summum jus summa injuria.

Dessen ungeachtet ließen Wir mit Unsern Gnadenbezeugungen nicht nach und erhoben Euch von einer Ehrenstelle zur andern. Erst neuerlich haben wir Euch, wie Ihr wißt, zum Wegweiser für die Schiffe bestellt und, da Ihr Euch in der neuen Charge ziemlich gut betruget, Euer fürwahr nicht sehr reizendes Warzengesicht von Unserm nunmehr verstorbenen ersten Hofmaler, Tobias Mayer, malen und nachher in Kupfer stehen lassen, welches Bild Euch gleicht wie ein Tropfen Wasser dem andern. Ja, lange vor dem Quinquennio physiognomico haben Wir, so oft Ihr Euren Schatten auf Uns warft, Eure Silhouette auffangen und zeichnen lassen, welches in der Tat ist, da Wir nicht glauben, daß Ihr der Unsrigen, ob Wir Euch gleich öfter dazu sitzen, eine solche Ehre habt angedeihen lassen.

Ferner haben Wir Euch einige Ehrenbezeugungen, worüber in Uns, wenn Wir wären wie andere, ein höchster Neid hätte entstehen mögen, gern gegönnt, nämlich daß Euch einige Unserer unerzogenen Kinder göttliche Ehre erweisen und Euch anbeten wie die Sonne, während als Wir, ihrer aller

Mutter, Unsern gnädigen Rücken zum Knieschemel hergeben. Wir tun dieses den guten Kleinen zu Liebe und hoffen, sie werden es ohnehin lassen, wenn sie älter werden und an Verstand zunehmen. Man hat sogar nach Eurer Gassenlaterne Jahre geordnet, welches Wir Euch um so weniger mißgönnen, als es von Leuten geschieht, die Euch heutzutage wenig Ehre mehr bringen. Auch hat man Euer Wappen zum Zeichen des zweitedelsten Metalls, Wir meinen des Silbers, genommen, während als man das Unsrige zur Bezeichnung des unedeln Antimonii gebraucht.

So klein aber auch diese Umstände an sich scheinen mögen und müssen, so haben sie doch vermutlich nicht wenig dazu beigetragen, Euren stolzen Sinn noch mehr zu heben und Euch glauben zu machen, Ihr seid selbst eine Sonne, in allen Stücken ihren beständigen Affen zu spielen und Euch Dinge in den Kopf zu setzen, die für Euch viel zu hoch sind, und die Wir daher, ohne Uns vor allen Planeten lächerlich zu machen, unmöglich ungeahndet lassen können.

Dahin rechnen wir *einmal*, daß Ihr Euch mit unerhörter Verwegenheit, ja frevelhafter Frechheit, habt beigehen lassen, Euch in Unsere und namentlich die deutsche Literatur zu mischen und gleichsam als ein zweiter Phöbus Dichter zu begeistern, Oden zu singen, Trauerspiele fertigen zu lassen, Romane zu inspirieren und damit der Sonne nicht wenige der edelsten Seelen abwendig zu machen. Für das *zweite* werdet Ihr nicht leugnen können, daß Ihr, um hierin sicherer zu gehen, bei meinen guten Deutschen recht hinterlistiger Weise Euch einen Mannsnamen erschlichen und Euch, gegen den Gebrauch aller Völker, nunmehr öffentlich *Der* von ihnen titulieren laßt, ja es sogar dahin gebracht habt, die Leute glauben zu machen, unter Euch beiden sei die Sonne die Frau, da es doch jeder männiglich bekannt, daß Ihr nichts seid als ein bloßes Weib. Schrieben Wir in einer andern Sprache an Euch, so wollten Wir Euch dieses deutlich zeigen, da Wir aber einmal *deutsch* schreiben, so wollten Wir fürwahr lieber Hr. *Jäsus* und *gebena, stehena* schreiben als die *Monde* und der *Sonn.*

Drittens sagt, habt Ihr nicht, bloß weil sich die Sonne in Frankreich einen Stil eingeführt, den man dort nach Ihr Phébus nennt, aus Nachäffung auch einen in Deutschland zu erschleichen gesucht, den man *Laune* nennt? Ihr getraut zwar nicht wie die Sonne, denselben schlechtweg nach Euerm Namen *Lune* oder Luna zu nennen, aber daß das Ganze Euer Werk ist, sieht man gleich aus dem *Lunatischen* (so müßt Ihr sprechen, guter Freund), das darinnen herrscht. Aber glaubt mir nur, *Phebus* ist Schwulst und *Lune* ist Dörrsucht. Da Wir Euch einen Einfluß auf die *Lunigten*, die sogenannten Mondsüchtigen, allerdings verstattet haben, dürft Ihr deswegen gleich Dichter und Philosophen aus ihnen machen? In Unserm Kontrakte steht kein Wort von einer gelehrten Bank im Tollhause.

Rechnet Ihr etwa darauf, daß Euch einige neuere deutsche Dichter von der verliebten Bank bei nächtlicher Weile anbeten? Mein lieber Mond, laßt Euch durch dieses affektierte Gewinsel dieser warmen Seelen nicht blenden, sie tun es nicht aus Empfindung, sondern bloß, weil es die wärmern Ausländer vor ihnen getan haben. Ihre Ausdrücke sind, wie die der meisten ihrer Brüder, von außerhalb eingeführt und kein einheimisches Produkt; sobald ihnen dieses genommen wird, so können sie so wenig Gedanken und Ausdrücke liefern als ihre Äcker Pomeranzen oder Gewürz. Was unsere Deutschen von Herzen sprechen, gleicht ihrem Rheinwein und Pumpernickel, gesund und derb, aber nicht süß. Wären ihnen solche Prosopopöien natürlich, sie würden sie mehr abändern. Die wahre Empfindung findet immer ihren eigenen Weg, und trifft sie je eine bereits gebahnte, so geschieht es selten ohne eine neue Bezeichnung. Und daß sich irgend jemand bei Euch an seine entfernte Geliebte erinnert, ist denn das so was Außerordentliches? Wir können Euch gnädigst versichern, daß man Uns gesagt hat, jede alte Kirchspitze, wobei das Mädchen lebt, oder von welcher man nur eine andere sehen kann, bei der es lebt, reflektiert ihr entferntes Bild weit herzlicher in die Seele als Euer kahles, kaltes Allerweltsgesicht. Auch sind die Verliebten, die Euch auf diese Weise anbeten, gar nicht sonderlich beim eigentlichen Frauenzimmer geachtet; sie lesen das affektierte Gewinsel wohl, aber im Herzen unterscheiden sie sehr richtig, um Uns eines bergmännischen Ausdrucks zu bedienen, zwischen dem Amanten von der *Feder* und dem Amanten vom *Leder*. Ihr sucht, wie Diogenes, mit Eurer Laterne Weisen und denkt sie gefunden zu haben. Aber glaubt Uns auf Unser Wort, was Euch so stille hält, sind bloß ein paar Lerchen und ein paar Hasen, die Ihr zum Gebrauch derjenigen blendet, die dieselben zu speisen belieben.

Ferner verrät es in Euch einen, Wir wollen nicht sagen verdrießlichen, Grad von Ignoranz, aber doch von unbändigem Hochmute, daß Ihr Euch habt beigehen lassen zu glauben, weil Ihr etwa Anlaß zu den 12 himmlischen Zeichen gegeben und hier und da die 12 Stücke einer Monatsschrift, ein paar Kopfsteuern und französiche Stunden dirigiert, Ihr seid schlechtweg der Erfinder und Schutzpatron alles, was nach Dutzenden, kleinen Brüchen von Dutzenden oder multiplis derselben geht. Sagt mir ums Himmelswillen, was habt Ihr mit den zwölf Stämmen Israels zu tun, mit den zwölf Leuchtern in der Offenbarung Johannis, mit den zwölf Kaisern im ersten Säculo, mit den zwölf Aposteln, mit den zwölf kleinen Propheten, mit den zwölf Arbeiten des Hercules, mit den zwölf Zollen im Fuß und mit dem beliebten Duodez und unsern zwölf Piecen im Taler und zwölf Pfennigen im guten Groschen? Was? Habt Ihr auf diese auch ein Recht? Fürwahr, niemand als eine solche eingebildete abhängige Duodezsonne wie Ihr kann sich solche Torheiten einfallen lassen.

Und doch gründet sich, wie Wir von guter Hand wissen, auf diese Eure schnöde Einbildung der bittere Haß, den Ihr gegen das *Göttingische Magazin* traget; weil sich dasselbe gar nicht nach Eurem lächerlichem Dutzendsysteme richtet und bald herauskommt, wann Ihr wacht, und bald, wann Ihr schlaft. Gesteht Uns nur frei heraus, seid Ihr es nicht, der einigen Leuten eingegeben zu sagen, es sei nicht so unterhaltend als andere Monatsschriften (warum nicht lieber schlechtweg Mondsschriften); es sei keine Abwechslung darin und überhaupt viel zu gelehrt, und außerdem schrieben die Herausgeber die göttingischen Kommentarien aus und ließen, was das Ärgste wäre, auf diese Weise nicht bloß den Leser, sondern den Verleger doppelt bezahlen.

Seht, lieber Mond, wärt Ihr nicht unser alter treuer Vasall und Freund vom Hause, so würden Wir in irdisch-angestammter Huld nicht ermangeln, Euch zu erkennen zu geben, was maßen Uns höchsten Orts allmählich bange zu werden anfange, daß Euch über der langen Aufsicht über die Unklugen allmählich selbst der Kopf etwas zu schweben und Euer kleiner Ideenvorrat auf eine seltsame Weise aus- und durcheinander zu gehen anfangen möge. Wir wollen aber indessen gnädigst hoffen und wünschen, daß so etwas nicht statt habe und Euer Urteil bloß deswegen seltsam aussehe, weil es das Urteil eines Laternenträgers ist, der in der Literatur leuchten will, welches Ihr sodann, Eurer eigenen Ehre wegen, künftig unterlassen werdet.

Wir bekümmern Uns zwar höchsten Orts überhaupt wenig um Magazine und Monatsschriften und legen nur dann und wann einen Aufsatz aus denselben zum Gebrauch Unserer künftigen getreuen Untertanen in Unserm Reichsarchiv bei, aber daß ungünstige Urteile den Unschuldigen und günstige den Schuldigen treffen, können wir unmöglich ganz ungeahndet hingehen lassen.

Was erstlich die geringere Unterhaltung betrifft, die Ihr und Eure Schutzgenossen in besagtem Magazine gefunden haben wollen, so hättet Ihr bedenken müssen, daß dieses nicht sowohl dem Herausgeber als vielmehr Euch selbst beizumessen sei. Hättet Ihr mehr gelernt, so würdet Ihr mehr Unterhaltung in Büchern überhaupt finden. Denn daß Euch Märchen, poetische Prose, Hexameter mit erstimuliertem Nationalstolz und Verachtung der Ausländer, mehr aus Nachahmung als Überzeugung, so sehr behagen, rührt daher, weil Ihr sie versteht, und man sie zu verstehen und zu schreiben, wie unser lieber Liscow sagt, nichts nötig hat, als seinen Kopf geradezu zwischen die Beine zu stecken und sich seiner eigenen Schwere zu überlassen.

Angehend die Abwechselung, so könnt Ihr nicht leugnen, daß Abwechselung sattsam in demselben stattfinde, so lange Ihr Mannigfaltigkeit der Aufsätze darunter versteht. Versteht Ihr aber eine Eurem ersten, zweiten und dritten Vierteil ähnliche darunter, das heißt erst ein volles Stück und dann hinterdrein dasselbe wieder in 29 Stücken, immer schwächer und immer kleiner, so bewahre der gütige Himmel das Magazin vor allem Wechsel. Allein schämen solltet Ihr Euch, die Jahre der magern Kühe in der deutschen Literatur noch völlig zu verderben und als ein alter Graukopf mit Eurem Einfluß dem Geschmack von Knaben Gewicht zu geben und Possen zu empfehlen, die man allein bei der Dose von schön-geisterischer Ignoranz, die sie gemeiniglich besitzen, erträglich finden kann. Glaubt Uns aber nur, Euer Anhang mag zwar Vergnügen an Werken der Ausländer finden, so lange er will; aber daß diese Ausländer Vergnügen an den ihrigen finden, wird nicht eher geschehen, bis demselben auch Schriften Unterhaltung gewähren, die jedem reimenden, empfindsamen Tropf schlechterdings unverständlich sind. Sie müssen nicht das Werk, sondern dem Meister nachzuahmen suchen, wenn sie selbst nachgeahmt sein wollen, versteht Ihr wohl? Horazische Oden sind uns ein Greuel, wenn sie nicht aus einem Kopfe und einem Herzen stammen, aus denen horazische Briefe hätten stammen können.

Betreffend aber das Ausschreiben der göttingischen Kommentarien, so können Wir gnädigst nicht bergen, daß Wir gern wissen möchten, erstlich wodurch Ihr zu diesem sonderbaren Gedanken verleitet worden seid, und dann zweitens, wenn Ihr selbst darauf gekommen, zu welcher Stunde des Tages solches geschehen, maßen Wir überzeugt sind, daß eine kurze Nachricht hierüber zugleich die kräftigste Widerlegung Eures Gedankens und die Ursachen enthalten müßte, warum Wir jetzo ein Mehreres davon nicht sagen mögen.

Schließlich wollen Wir Euch aber hiermit ernstlich, wiewohl freundlichst, ermahnt haben, fernerhin bei Eurem Leisten zu bleiben und Euch aller dankverdienerischer Geschäftigkeit in Geniesachen gänzlich zu enthalten und den Originalköpfen unter Eurem Kommando nicht allein den Gebrauch der Messer, wie bisher, sondern auch der Federn künftig schlechtweg zu versagen.

Wir sind Euch in Gnaden wohlgewogen.

Gegeben im Krebs, den 24. Dezember 1780

Die Erde.

Über die Macht der Liebe

Mittwoch. Morgens 8 Uhr
den 19. Febr. 1777.

So wie ich vorgestern angefangen hatte, kann und mag ich nicht fortfahren. Ich lege also ein kleineres Fundament für ein kleineres Gebäude, für Sie zum – Umblasen. Jedoch aus einer geheimen Ahnung zu urteilen, wird auch dieser Brief nicht so ganz klein ausfallen; seltsam ausfallen wird er gewiß. Ich wage viel damit, wenn ich je viel bei Ihnen gegolten habe, denn ich wage, alles zu verlieren. Sie sollen nicht allein meine Gedanken über *Verlieben* und *Macht des Frauenzimmers* hier in einem Auszuge sehen, sondern ich will Ihnen auch einen kurzen Entwurf meiner Methode zu philosophieren geben, um mir bei Ihnen nicht sowohl die Überzeugung wegen des ersteren zu erleichtern als die Vergebung. Ich werde alles in den geradesten Ausdrücken sagen, die mir vorkommen, und muß deswegen um zwei Dinge bitten: einmal, daß sie denken, ich schriebe weder an *Mann* noch *Weib*, sondern bloß an eine vernünftige *Seele*, und daß, weil diese Vorstellung manchem nicht so geläufig sein möchte als Ihnen, Sie mir diesen Brief, sobald Sie ihn gelesen haben, wieder versiegelt zurückschicken. Ich sehe jetzt erst, eine dieser Bitten geht an Ihren Verstand, die andere an Ihr Herz, ich muß also noch eine dritte hinzufügen, daß die Gewährung dieser Bitten nicht von der Beschäftigung abhängen möge, die Herz und Verstand in diesem *Wirrwarr* finden, denn es könnte sein, daß sie ganz leer ausgingen.

Trotz meiner großen Armut an Kenntnissen (worunter ich nicht alles verstehe, was ich weiß, sondern nur, was ich auch zweckmäßig zusammengedacht habe) finde ich mich oft nicht wenig durch den Gedanken beruhigt, daß ich das durch tausendfaches Interesse gespaltene und tausendfach sich selbst betrügende menschliche Herz zu dem Grad habe kennen lernen, daß ich an einer Sache zweifeln kann, und wenn sie in tausend Büchern bejaht stünde, tausend Jahre durch geglaubt worden und als untrüglich von schönen und häßlichen Lippen verkündigt worden wäre. Ich habe mir zur unverbrüchlichen Regel gemacht, aus Respekt schlechterdings nichts zu glauben, demohngeachtet aber, vor wie nach, fortzufahren, aus Respekt am gehörigen Ort oft zu tun und zu sagen, was ich nicht glaube und nicht glauben kann. Der Mensch ist ein solches Wunder von Seltsamkeit, daß ich überzeugt bin, es gibt Leute, die oft meinen, sie glaubten etwas und glauben's doch nicht, die sich selbst belügen, ohne es zu wissen, und Dinge einem andern nachzumeinen und nachzufühlen glauben, die sie ihm bloß nachsprechen. Daß das wahr ist, davon, sage ich, bin ich sicher überzeugt, denn ich habe mich ehemals selbst darüber ertappt. Dieses hat mich sehr mißtrauisch gegen mich selbst und noch mehr gegen die Versicherungen anderer gemacht, deren Interesse, Gattung von Eigenliebe und Verstandeskräfte ich nicht kenne, und von denen ich also nicht weiß, ob sie ein Votum haben, oder ob sie bloß Herolde sind. Wir sind nur gar zu geneigt zu glauben, das sei wahr, was wir oft bejahen hören und was viele glauben, und bedenken nicht, daß der Schein, der zehn betrügt, Millionen betrügen kann. Neun Zehnteile des menschlichen Geschlechtes glauben, die Erde stünde still, und es ist doch nicht wahr. Wir bedenken nicht, daß, wenn einer halb aus Interesse etwas bejaht, es Tausende ganz aus Interesse nachsagen, und zehntausend, weil sie doch was sagen müssen und gar keine Meinung haben oder bloß anderer ihre. Das ist der größte Teil der Menschen. Es ist daher jammerschade, daß wir so oft die Stimmen nur zählen können. Wo man sie wägen kann, soll man es nie versäumen. Ich kann daher nicht leugnen, daß mir die Leute vorzüglich angenehm sind, die ohne Affektation zuweilen die evidentesten

Sätze bezweifeln oder Leute zu entschuldigen suchen, die sie bezweifelt haben, so wie neulich K... von D..., der behauptet hatte, 3 mit 0 multipliziert wäre 3 oder, mit anderen Worten, dreimal nichts wäre drei. Ohne im geringsten solchen absurden Zweifeln wie diese, eben angeführt, das Wort zu reden, glaube ich auch, daß es keine größere Verstandsstärkung gibt als Mißtrauen gegen alle Meinungen der Menge. Man kann sich immer sicher zurufen: *das ist nicht wahr,* und wenn man auch gleich am Ende findet, daß man sich geirrt hat, so wird man diesen Irrtum nie ohne Gewinn von Seiten des Systems von Kenntnissen entdecken, die man hat, und dessen Festigkeit doch eigentlich ausmacht, was wir Seelenstärke nennen. Sagen oder gar predigen muß man diese Zweifel eben nicht immer. In Religionssachen ist es das sichere Zeichen eines schwachen Kopfs. Denn was ist wahr an diesen Dingen, das nicht sein Wahreres haben kann? Und wo es auf zeitliche Ruhe und Glückseligkeit ankommt, muß man, meiner Meinung nach, allgemein angenommene Sätze so wenig ohne große Ursache ändern als einen *geprüften* guten Minister mit einem andern vertauschen, von dessen Geschicklichkeit man sich mehr *bloß verspricht.* In der Frage, worüber ich jetzt schreibe, könnte die mutwilligste öffentliche Untersuchung keinen Schaden stiften, ja nutzen würde sie, weil hierin das kleinste Teilchen, dem Zaum anzulegen oder dem Sporn abzunehmen, ein gutes Werk tun heißt, es müßte dann sein, daß man so schriebe, daß man gerade das Gegenteil wirkte, so wie jemand von L...s Abhandlung vom Selbstmord gesagt hat: Er wüßte nicht, seitdem er das Büchelchen gelesen hätte, käme ihn zuweilen der Kitzel an, sich selbst zu ermorden. – Sehen Sie nun, warum ich meinen Brief zurück verlange? Doch zur Sache.

Die Frage: Ist die Macht der Liebe *unwiderstehlich,* oder kann der Reiz einer Person so stark auf uns wirken, daß wir dadurch *unvermeidlich* in einen elenden Zustand geraten müssen, aus welchem uns nichts als der ausschließende Besitz dieser Person zu ziehen im stande ist? habe ich in meinem Leben unzählige Mal bejahen hören von alt und jung, und oft mit aufgeschlagenen Augen und über das Herz gefalteten Händen, den Zeichen der innersten Überzeugung und der sich auf Diskretion ergebenden Natur. Ich könnte sie auch bejahen, nichts ist wohlfeiler und leichter, ich werde sie auch künftig aus Gefälligkeit wieder bejahen oder auch, wenn künftige Erfahrungen das Kabinett bereichern, aus dem ich jetzt herausphilosophiere, im Ernst, woran ich aber deswegen sehr zweifle, weil ein paar Beispiele, die, gehörig ins Licht gesetzt, für mich streiten, hinlänglich sind, den ganzen Satz auf ewig zu leugnen. Ich habe, sage ich, den Satz unzählige Mal bejahen hören und bejaht gelesen, in Prose und in Versen. Aber wieviel Menschen waren darunter, die die Frage ernstlich untersucht hatten? Bewußt wenigstens ist es mir von keinem, daß er sie untersucht hätte, und vielleicht hatte sie auch wirklich keiner untersucht; denn wer wird eine Sache untersuchen, von deren Wahrheit der Kuckuck und die Nachtigall, die Turteltaube und der Vogel Greif einstimmig zeugen, wenigstens, wenn man den süßen und bittern Barden aller Zeiten glauben darf, über deren Philosophie aber zu Glück der Philosoph so sehr lacht als das vernünftige Mädchen über ihre Liebe. Ich glaube, ich habe die Frage hinlänglich untersucht, lange vor Hrn. Prof. Meiners, dessen Übereinstimmung mit meiner Meinung in der *Hauptsache* nicht wenig dazu beigetragen hat, daß ich den Mann jetzt *liebe*, dessen Kopf ich längst verehrt habe. Nach dieser Untersuchung behaupte ich mit völliger Überzeugung: die unwiderstehliche Gewalt der Liebe, uns durch einen Gegenstand entweder höchst glücklich oder höchst unglücklich zu machen, ist poetische Faselei junger Leute, bei denen der Kopf noch im Wachsen begriffen ist, die im Rat der Menschen über Wahrheit noch keine Stimme haben und meistens so beschaffen sind, daß sie keine bekommen können. Ich erkläre hier noch einmal, ob es sich gleich wohl von selbst versteht, daß ich den Zeugungstrieb nicht meine; der, glaube ich, kann unwiderstehlich werden, allein sicherlich hat ihn die Natur uns nicht eingeprägt, uns höchst unglücklich oder höchst glücklich zu machen. Das erste zu glauben macht Gott zu einem Tyrannen und das letztere den Menschen zum Vieh. Und doch rührt die ganze Verwirrung in diesem Streit aus nicht genugsamer Unterscheidung eben dieses *Triebes,* der sich unter sehr verschiedener Gestalt zeigt, und der schwärmenden Liebe her. Man verteidigt Liebe und verwirrt Liebe, und eine Partei versteht dieses und die andere etwas anderes. So weit diesen Morgen.

Donnerstag, 9 Uhr.

Die guten Mädchen haben die Ausdrücke *Himmel auf der Welt, Seligkeit,* womit manche Dichter die glücklichste Liebe belegten, als ewige unwandelbare Wahrheit angesehen, und mädchenmäßige Jünglinge haben es ihnen nachgeglaubt, da es doch nur weichliches Geschwätz junger Schwärmer ist, die weder wußten, was Himmel, noch was Welt war. Die Benennungen sind nur insofern wahr, insofern es wahr ist, daß Mädchen Göttinnen sind. Die Griechen, nicht allein das weiseste und tapferste, sondern auch das wollüstigste Volk auf der Welt, hielten wahrlich die Mädchen nicht für Göttinnen oder den Umgang mit ihnen für Paradies oder ihre Liebe für unwiderstehlich. Sie erzeigten ihnen nicht einmal die Achtung, die man wenigstens von einem freien Volk, ich will nicht sagen von einem gefühlvollen, gegen ein schwaches Geschlecht hätte erwarten sollen. Sie brauchten sie, die organisierten Fleischmassen zu zeugen, aus denen sie selbst nachher Helden, Weise und Dichter formten, und ließen sie übrigens gehen. Sie wohnten im Innersten des Hauses, kamen nicht in Männergesellschaften, wodurch ihnen denn freilich aller Weg abgeschnitten ward, sich für so kluge Köpfe gehörig auszubilden, daher sie immer schlechter und verächtlicher werden mußten. Daß ihnen wahrhaftig große Männer courten, diese Achtung mußten sie sich erst durch besondere auszeichnende Geistesgaben erwerben, und diese Besuche waren nicht von der verliebten Art. Das Vermögen, das ihnen die Natur gegeben hat, ein dringendes Verlangen auf eine angenehme und nützliche Art zu befriedigen, rechneten sie ihnen für kein Verdienst an, und, wie mich dünkt, mit großem Recht; denn es ist ein Handel, wobei beide Parteien gewinnen. Die Ausdrücke *Herz verschenken, Gunst verschenken* sind wieder poetische Blümchen. Kein Mädchen schenkt ihr Herz weg, sie verkauft es entweder für Geld oder Ehre oder vertauscht es gegen ein anderes, wobei sie Vorteil hat oder doch zu haben glaubt. Aber was führe ich Ihnen die Griechen an? Gibt es nicht heutzutag ein sehr vernünftiges Volk, das von der beides lächerlichen und dabei müßiggängerischen Schwärmerei der Liebe frei ist, ein Volk, dem wir allein den Fortgang in nützlichen Wissenschaften, Besserung des Menschen und alle großen Taten zu danken haben? Wissen Sie, was ich für ein Volk meine? Gewiß, Sie kennen es. Es ist die Gemeinde der aktiven, vernünftigen, *starken* Seelen, die man über die ganze Erde ausgebreitet findet, obgleich manches Städtchen leer ausgehen möchte; der gesunde, nützliche glückliche Landmann, den unsere albernen Dichter (wie überhaupt die Natur) besingen und bewundern, ohne ihn zu kennen, sich sein Glück wünschten, ohne doch den Weg dazu wählen zu wollen. Mir läuft die Galle über, wenn ich unsere Barden das Glück des Landmanns beneiden höre. Du willst, möchte ich immer sagen, glücklich sein wie er und dabei ein Geck sein wie Du, das geht freilich nicht. Arbeite wie er, und wo deine Glieder zu zart sind zum Pflug, so arbeite in den Tiefen der Wissenschaft, lies Eulern oder Hallern statt G ... und den stärkenden Plutarch statt des entnervenden Siegwarts und endlich lerne dein braunes Mädchen genießen wie dein braunes Brot – von Hunger verklärt und gewürzt, wie dein Landmann tut, so wirst du glücklich sein wie er. Nicht Adel der Seele, nicht Empfindsamkeit, sondern Müßiggang oder doch Arbeit, bei der der Geist müßig bleibt, und Unbekanntschaft mit den großen Reizen der Wissenschaft, worin schlechterdings nichts von *Lieb' und Wein* vorkommt, ist die Quelle jener gefährlichen Leidenschaft, die (ich getraue es allgemein zu behaupten) sich noch niemals einer wahrhaft männlichen starken Seele bemächtigt hat. Wenn jemand aus Liebe Einöden sucht, mit dem Mond im Ernst plaudert, so steckt gewiß das Häschen irgendwo im Kopf, denn eine Schwachheit steht selten allein.

Ich habe sehr hohe Begriffe von der Größe und Würde des Menschen. Einem Triebe folgen, ohne den die Welt nicht bestehen könnte, die Person lieben, die mich zum einzigen Gesellschafter ausersehen hat, zumal da nach *unsern* Sitten diese Person sich durch tausend andere Dinge an unser Herz festhängt und unter den mannigfaltigen Relationen, von Ratgeber, Freund, Handlungscompagnon, Bettkamerade, Spielsache, lustiger Bruder (Schwester klingt nicht) auf uns wirkt, das halte ich sicherlich für keine Schwachheit, sondern für klare, reine Schuldigkeit, und ich glaube auch, es steht nicht bei uns, ein solches Geschöpf nicht zu lieben. Beklagen wir ja den Tod eines Haushundes. Allein ein Mädchen sollte im stande sein, mit ihren Reizen einem Manne seine Ruhe zu rauben, daß kein anderes Vergnügen mehr Geschmack für ihn hätte, und es stehe nicht in seiner Gewalt, sich diesem Zug zu widersetzen, dem Manne, der Armut, Hunger, Verachtung seines Verdienstes ertragen, ja seiner Ehre wegen in den Tod gehen kann? Das glaube ich ewig nicht. Dem Gecken wohl, dem weichlichen Schwachen, der nie in irgendetwas Widerstand versucht hat, oder dem Wollüstling, der höhere Vergnügen des Geistes nicht kennt als das Bewußtsein, daß ihn ein hübsches *Mädchen* liebt (denn vom Genuß abstrahiere ich, um dem Werther allen möglichen Vorteil zu geben), aber gewiß keiner *eigentlichen* Seele; wenn eine solche je so was gesagt hat, so war es ein Kompliment gegen die Damen, und zwar ein sehr unartiges, weil es ein Pasquill auf alle vernünftigen Männer ist; und doch ist es eine Frage, ob es ein Kompliment für die Damen ist. Viele Männer halten das weibliche Geschlecht für so schwach, eitel, leichtgläubig und eingebildet, daß sie alles glauben, was man ihnen sagt, sobald es die Macht ihrer Reize angeht. Diese Männer, wenn man sie anders so nennen kann, irren sich aber gar sehr. Nicht wahr, Madame?

Wenn man aber einer Vorstellung, die sich auf einen solchen Trieb stützt, mutwillig nachhängt, nicht allein nicht widerstehen will, sondern sich gar eine Ehre daraus macht, nicht zu widerstehen, und sich für einen Eingeweihten in die Mysterien der alles beglückenden Natur hält, sobald man sich solche Liebesschlösser in der Luft bauen kann, ja mein Gott, was ist da nicht unwiderstehlich in der Welt! Wäre doch wohl gar die kranke Frau im Gellert gestorben, wenn der Schneider nicht gekommen wäre, oder hat doch einer schon seine Frau für ein Glas Branntewein andern überlassen. Da ist es freilich kein Wunder, wenn Glück und Ruhe dahingehen, als hätten sie nie bei einem gewohnt, und ist es noch gut, wenn nur Glück und Ruhe fliehn. Eine solche Liebe führt ihre Lieblinge oft in Ketten nach *Celle,* und mich dünkt: von Rechts wegen.

Die Liebe, die ich dem vernünftigen Manne für anständig halte, verhält sich zu der, gegen welche ich schreibe, so wie die gerechte Zähre des rechtschaffenen Mannes bei dem Tod einer Mutter gegen das ungezogene Geheul und Haarausreißen des schwachen Pöbels. Und ich weiß wohl, wenn ich auch bis an den jüngsten Tag predigte, so würde doch die Anzahl derer, die jenen Folgen der Liebe standhaft widerstehen, immer die kleinere Zahl sein. Aber was ist das seltsamer, als daß die Leute, die ihr Unglück mit Mut, Gelassenheit ertragen, ebenfalls sehr wenige sind? Aus dem, was der Mensch jetzo in Europa ist, müssen wir nicht schließen, was er sein könnte. In andern Weltteilen ist er ja schon anders, sehr viel anders.

Nun könnte ich, wenn es nötig wäre und ich Zeit hätte, eine Menge Beispiele von Leuten beibringen, die das Gesagte bestätigen, allein es ist bei Ihnen unnötig, und ich werde wirklich müde und breche daher ab. – –

Beiträge zu Rabeners Wörterbuche

1. *Aber*

Aber ist ein kleines, aber bei der heutiges Tages so sehr florierenden Medisance unentbehrliches Wörtchen. Mancher sieht sich oft in den Fall gesetzt, in einem Stücke einem Menschen Gerechtigkeit widerfahren zu lassen, dessen Lob sonst ein Decoct von Ipecacuanha für ihn ist. Doch um den Beifall etwas zu modifizieren, weiß er die schlechte Seite mit der gerühmten durch ein geschickt angebrachtes *aber* sehr gut zu verbinden. Es gibt Leute, und ich habe deren mehrere gekannt, die niemanden loben noch einmal jemanden loben hören konnten, ohne das Lob auf eine witzige Art zu glossieren; und solche Herren oder Damen würden sich nun freilich in einer mitleidenswürdigen Verlegenheit befunden haben oder noch befinden, wenn es kein *aber* gäbe. Und nun wollen wir uns einmal eine Gesellschaft von Titulärhofräten und -sekretären, Damen, die vom gefälligen Herrn Gemahl von allen Haushaltsgeschäften dispensiert und auf Pension gesetzt sind, von Prälaten, die das Arbeiten im Weinberge andern überlassen und sich nur die Früchte vorbehalten, von Schwestern, deren Mund zur Liebe des Nächsten, Beförderung seiner Bekehrung, nie stille steht, vorstellen. Was sollten diese Leute vor langer Weile anfangen, wenn ein abwesender Kosmopolit oder Nicht-Kosmopolit durch seine Fehler und Gebrechen, die er als Mensch, oder weniger als Mensch, an sich hat, keinen Stoff zur Vertreibung der Zeit hergäbe? Und Langeweile ist ja für ein Wesen wie ein Mensch, das denken kann und zuweilen wirklich denkt, etwas Entsetzliches, etwas Unausstehliches. Spielen könnten sie ja wohl, Whist, Trisett und Besset oder wie das Ding sonst heißt? *Aber da behüte uns Gott vor,* höre ich die Dame rufen, die heute Assemblee hält, und die stets weiß oder schwarz gekleidet geht, deren Besuchzimmer voll Psalter und geistlicher Lieder liegt, und in deren Schlafkammer die Gedichte des Herrn von Grécourt und die Gedichte à la mode de Grécourt in schwarzem Corduanbande mit Gold auf dem Schnitte hinter dem Vorhange stehen.

Nun, wie gefiel Ihnen gestern Herr X.? fing Madame an, er soll der ordentlichste, rechtschaffenste Mann sein; *aber* letzthin wollte jemand einen Menschen von seiner Statur in ein gewisses Haus hinein und aus demselben mit einer Frauensperson wieder heraus spät über den Kirchhof haben gehen sehen. Man muß zwar von jedem Menschen das beste denken und reden; *aber* das kann niemand anders gewesen sein als er. Der Pastor Z. predigt sehr gut, nimmt sich seiner Gemeinde sorgfältig an, besucht Patienten sehr gerne, – *aber* (warf der Herr Sekretär mit einer vielbedeutenden Miene ein) Patientinnen noch lieber. Frau Y. ist ein rechtes Muster von Tugend und ehelicher Treue, sie verläßt das Bett ihres kränkelnden Mannes nie; – *aber* wohl – fiel der Herr Abt ins Wort – wenn er schläft und ihr Doktor ist da. Der Herr Rat R. ist ohne Zweifel einer der geschicktesten und arbeitsamsten Besitzer, die wir zu C. haben; – *aber* – rief ein suspendierter Richter hinterm Ofen – vorgestern will jemand um Mitternacht in aller Stille ein Faß Wein vor seiner Tür haben abladen hören. Die Frau von P. muß sehr edel und großmütig sein, kein Bettler geht unbefriedigt vor ihrer Tür vorbei; – *aber* – setzte der Herr Kanonikus H. hinzu – sie hält, wenn ihr Herr Gemahl krank oder verreist ist, sich einen Kaplan von 24 Jahren, dem sie – jedoch nur aus bloßer Menschenliebe – ein besonderes Stipendium gibt, und mit welchem sie sich oft in ihr Bettzimmer einschließt, um – Sachen vom strengsten Geheimnisse miteinander abzutun. Herr G. ist eben so freigebig, – *aber* die Leute sagen, er täte es aus Gewissensangst, weil er das meiste von seinem

Vermögen seinen Geschwistern bei der Teilung gestohlen habe –

Dies letzte *Aber* war nur ein bißchen ziemlich grob – allein sind jene feineren *Aber* christlicher, menschenfreundlicher? –

L.

2. *Afterreden*

Afterreden oder, in einem vornehmern Ausdruck, *medisieren* ist eine moralische Modekrankheit dieses Jahrhunderts der verfeinerten Sitten; eine sittliche Pest kleiner Seelen und auch oft solcher, die sich für groß halten, gegen welche sich kein Kordon ziehen läßt; das ungeselligste sittliche Übel, das es vielleicht gibt, aber ohne das manche große Gesellschaft von privilegierten oder nicht privilegierten, betitelten oder unbetitelten Müßiggängern in tötender Langweile dahinsterben würde. Dies Unglück zu verhindern, muß dieser seine Frau, jener seine Töchter, der Dritte seine eigene Ehre herleihen, und dadurch, daß diese mit der Zunge totgeschlagen werden, rettet sich jene. Und wie sollten diese Schlachtopfer dies Schicksal nicht dulden, da sie es nicht ändern können? Zwar schändlich fallen sie, aber wo ist der, welcher sie rächt? Abwesende zu verteidigen, ist ein Ruf, den nicht jeder für den seinigen hält, und noch gibt es unter den öffentlichen Bedienungen keinen advocatum absentium. Abwesende anzugreifen ist eine leichte Kunst für die, welche bloß nach Beispielen, nicht nach Grundsätzen handeln; sie mögen übrigens den 10ten Pfennig den Armen geben oder nicht. Ein eingewurzeltes Übel zu heben, dazu gehört mehr als Predigt, so lange es nicht in Statuten verboten ist. Und wird dies jemals geschehen? Würde es Nutzen haben, wenn es geschähe? Kennt jemand den Menschen, den frage man und höre auf zu glauben, daß er ihn kenne, wenn er ja sagt.

Als der Deutsche noch weiter nichts war als tapfer und ehrlich, als der, welcher dem Feinde den Rücken zeigte, als ein Abschaum im Morast ersticken mußte, da war der Deutsche bloß durch Waffen, durch die Zunge nie, gefährlich. Fürchterlich war sie zwar, wenn er drohte, verräterisch niemals. Aber Eroberer haben von jeher nach der Geschichte etwas von den Sitten der Überwundenen angenommen, nicht immer das Beste. Schwelgerei gab dem Mazedonier der Perser, Weichlichkeit China dem Tatar, unreines Geblüt Haiti (St. Domingo) dem Spanier. Züge nach Frankreich brachten französische Feinheit unter die Deutschen, Römerzüge machten italienische Verstellung mit ihnen bekannt. Kultur wuchs, Lüx nahm überhand, und im 18ten Jahrhundert konnte der Deutsche schon so geläufig mit der Zunge fechten als zu Augustuli Zeiten der Merovinger mit dem Degen. Nun wird, sagt Herr W., kein Deutscher eher wieder groß, stark, wieder ein Held, wieder ein Deutscher, ehe er nicht in den Ardenner- oder Herziner-Wald zurückgeht und wiederum Eicheln isset. Wehe dem Deutschland, wehe dem Europa, wehe der Welt, wovon man sagen müßte, wahrhafte Rechtschaffenheit treffe man nur unter dem Eichelnesser zwischen Sümpfen in undurchdringlichen Wäldern an. In einer Welt voll Lästerer sie zu finden, dazu braucht man mehr Licht als einst jener griechische Philosoph, da er Menschen suchte.

L.

3. *Instinkt*

Instinkt ist ein innerlicher Trieb, etwas zu tun oder zu lassen, den die Natur in ein Geschöpf gelegt hat. Nach diesen Trieben nehmen alle unvernünftigen Tiere ihre Handlungen vor, und sie bestehen in der Begierde der Selbsterhaltung und Fortpflanzung ihres Geschlechts. Selbst Raubtiere haben keine anderen Triebe, keinen von der Natur ihnen eingepflanzten Trieb zur Grausamkeit oder andere Tiere umzubringen. Tun sie solches, so tun sie es durch ihren mächtigsten Feind, den Hunger, getrieben. Ist er gestillt, so hört auch ihre Grausamkeit auf, und je hungriger sie sind, desto wütender sind sie. Und daher kömmt's, daß der weiße Bär von Nowaja Zembla seinen Raub stundenlang ins Eismeer verfolgt, selbst Leute in Kajüten zittern macht.

Wäre dies nicht so, wäre die Begierde, andere Tiere umzubringen, ein Naturtrieb, wie wollte man sie zähmen? Denn Naturtriebe im Zaum zu halten, dazu gehört Vernunft, und zwar eigne Vernunft, nicht die Vernunft des Leiters, wenn der auch immer welche hätte. Oder wäre es nicht gegen die Weisheit des Schöpfers, wenn man behaupten wollte, er habe mit den Erhaltungsgesetzen der Natur eines verbunden, wobei das Tierreich unmöglich bestehen könnte?

Auch der Mensch hat diese beiden Instinkte der Selbsterhaltung und Fortpflanzung mit den übrigen Tieren gemein. Denn auch der Mensch gehört zum Tier-Parlament, ob er gleich kraft seiner Geburt stets im Oberhause sitzt und, wie der Tory in höflichen Zeiten, alles durchsetzt. Und jenes Dämchen auf dem Ruhebette, das seine leichte Kleidung durch diesen oder jenen Zephyr durchwehen läßt, mag ihr liebenswürdigstes Näschen rümpfen, so viel sie will, so ist doch auch sie zwar nicht ein Tier, aber doch ein Tierchen. Seine Kaiserliche Majestät zu Rom, Herr Heliogabel der Große, erhob den ersteren Trieb, Ibrahim der Großtürk den letztern, zur Ehre der Menschheit, zum Gipfel seines Flors. Sonst aß man Butter, Käse und Kalbfleisch, wurde doch satt, brachte sein Leben auf 969 Jahr 6 Wochen und 3 Tage, starb mit Augen, dunkel, nicht von Oskopa, auch nicht von Persico, sondern von Freudenzähren über den schönen Kranz, den der bärtige Ururenkel bei Feier des neunzehnten Jubeljahrs ihm brachte. Zu Rom, unter den Kaisern, lernte man die Kunst, Fische zu essen, die gegen ein gleiches Gewicht von Silber oder Gold abgewogen wurden, ward nie satt, starb, nicht lebenssatt, nicht wohlbetagt, sondern nachdem man erst angefangen hatte zu leben. In der alten Zeit, da muß es Leute mit Waden gegeben haben, wenn anders ihre Heuraten und Befriedigung des Geschlechtstriebes in einen Zeitpunkt fielen. Isaak, der Großvater der Israeliten, war über 40 Jahr alt, da er um die Rebekka anhielt, und lebte nachher noch 100 Jahr; denn unter hundertvierzig pflegte zu seiner Zeit kein Patriarch sich zu seinen Vätern versammeln zu lassen. Das soll heutigen Tages wohl einer bleiben lassen, der sich so ein hübsches Weibchen, als Frau Isaaken gewesen sein soll, beilegt. Noch im 187sten Jahre hatte der Geschlechtstrieb des Herrn Methusalah so viel vigueur, daß er noch einen starken Knaben zeugen konnte, aus dessen Lenden wir, als vermutliche Kinder des Noah, unsere Ahnen zählen. Im 40sten Jahre brauchen unter 10 Spaniern, vielleicht auch Franzosen und Deutschen, schon 9 alle Künste des Venette, um ihren Geschlechtstrieb auf die Nachwelt wirkend zu machen, und sind doch ungewiß, ob das ihr Blut sei, dessen Vater sie heißen. Alle Mittel und Erfindungen im Seraglio Seiner Hoheit Ibrahims, im Harem seines wollüstigen Untertans hatten nicht die Wirkungen, die ein saftiges Stück eines feisten Farren oder vielleicht auch eines Böckleins auf die Hüften Gideons, des Richters in Israel, hatten. Dies bei Gelegenheit dieser beiden Instinkte. Damit ist aber der Mensch nicht zufrieden, sondern er schafft sich noch zu jeder besonderen Handlung einen besonderen Trieb an, dem er nicht widerstehen kann, und den er oft zu Entschuldigung einer nicht zu entschuldigenden Tat anführt. Daher kömmt's, daß jede Leidenschaft ihren eigenen Trieb hat, daß es einen Trink-, Spiel-, Rauf-, Fenstereinschmeißungs- und Mausetrieb gibt. Aber auch bei guten und lobenswürdigen Dingen läßt sich so ein Trieb, oft mit verändertem Namen, anbringen. So nennt es z. B. Seine Hochehrwürden einen inneren Beruf, wenn Sie einen Trieb hat, eine Pfarre von 400 Talern mit einer von 800 zu vertauschen; und das mit dem besten Grunde von der Welt. Denn sehe ich in die Geschichte der mittlern Zeiten, so hatte das jus publicum der Geistlichkeit zwei Rubriken; die erste hieß Geld, und die andere hieß auch Geld. Ich sage aber ausdrücklich: *in den mittleren Zeiten;* denn heutigen Tages ist es anders, und wenn es nicht so wäre, würde ich es doch sagen, um keinen Religionskrieg zu veranlassen, dessen Urheber der ärgste Feind des Staates ist.

Ob es gut sei, daß der Mensch bloß nach Instinkten lebe, kann nur beim absoluten oder hypothetischen Naturstande in Frage kommen. Nach dem absoluten Recht der Natur gibt es vielleicht keine sichern Richtschnuren als Triebe der Natur, denn wer nach diesen verfährt, handelt wohl der Natur nicht entgegen; Schmauß gründete unter anderen hierauf sein Naturrechts-System und wurde verketzert. Inwiefern er recht oder unrecht hatte, mag ich hier nicht untersuchen. Ein Mensch, der bloß nach Instinkten in einem kultivierten Staate handelt, kann Ärgernisse geben, kann die Ordnung im Staate beunruhigen. Wenn er es tut, so tut er es aber bloß in Rücksicht auf seine Person; im ganzen hat der Staat nichts von ihm zu befürchten; ein Bösewicht par principe wird er nie; das kann nur der werden, der gegen die Natur und ihre Vorschriften handelt.

L.

Trostgründe für die Unglücklichen, die am 29. Februar geboren sind

Man mag sagen, was man will, so ist ein Mensch, der nur alle vier Jahre einen Geburtstag hat, immer kein Mensch wie andere. Ja, einer der in seinem Leben der Geburtstage zu wenige hat, kommt mir in mancher Rücksicht nicht viel glücklicher vor, als die weitläufige Klasse von armen Teufeln, die der Väter zu viele haben; denn was ist dem unsterblichen Wesen, das in uns wohnt, angenehmer als zu sehen, ja unter der Hand auch wohl gar zu schmecken und zu riechen, daß sich außer ihm noch Wesen derselben Art seiner Existenz und seines Lebens freuen? Wäre auch die Freude dieser Wesen nicht immer die aufrichtigste, wovon man wohl Beispiele hat, gut, so ist es nicht minder angenehm zu sehen, daß diese Wesen es doch nötig finden müssen, so zu tun, als freuten sie sich. Jene aufrichtige Freude verrät zwar Liebe, das ist wahr; die nicht aufrichtige dafür aber Furcht und Respekt, die in sehr vielen Fällen unendlich mehr wert sind. Von diesen Freudenbezeichnungen nun verliert das unglückliche Geschöpf, das am 29sten Februar geboren ist, nach einer leichten Berechnung, in seinem Leben wenigstens bare 75 Prozent in Vergleich mit anderen Menschen. Das ist etwas hart. Es sei nun das, was eingebüßt wird, ein Wunsch in Prosa, ein Carmen oder ein wirkliches Gedicht; es seien Bänder, Blumen, Kuchen, Feuerwerke, Illuminationen und Kanonaden, so sind immer die 75 Prozent davon weg wie weggeblasen. Ja, die Sache kann sehr wichtig werden. Gesetzt, der Unglückliche sei der Regent eines Reichs oder einer Stadtschule, der das Recht hat, freiwillige Geschenke an seinem Geburtstage zu erpressen, wie kann ein solcher ein Geschenk verlangen, das an einem Tage zahlbar ist, der in drei Jahren gegen eins gar nicht existiert?

Sind die 29sten Februare in Jahren, wo dieser Monat nur 28 hat, also nicht die wahren Calendae graecae? Ja, wenn die griechischen Calendae bloß ein poetisches Nichts sind, wofür sich sublime, antiquarische Pedanterei diesen *artigen* Ausdruck schuf, so sind die 29sten Februare dreimal in vier Jahren ein wahres, solides, prosaisches Nichts des gemeinen Lebens und der alltäglichen Haushaltung; das ist ganz was anderes. Von jenem spricht man, und dieses fühlt man. – Das Bisherige galt bloß das Physische bei dieser Verkürzung; von der moralischen Seite ist der Verlust noch sehr viel größer. Denn, da jeder Mensch bekanntlich an seinem Geburtstage sich irgendetwas künftig zu tun oder zu lassen *ernstlich* vornimmt, z. B., wie D. *Johnson* künftig früher aufzustehen oder die Bibel im nächsten Jahre ganz gewiß durchzulesen oder, wie jene Dame, keinen Branntwein mehr zu trinken; so kommt ein solcher Mensch natürlich auch um alle diese heilsamen Entschließungen, und man weiß wohl, wie es mit der Ausführung steht, wenn man gar nicht einmal zur Entschließung kommen kann. – Aber der Neujahrstag, sagt man bleibt ihnen doch noch. – Das ist keine Antwort, den Neujahrstag haben die gewöhnlichen Menschen auch, also den 75 Prozenten geht auch hier nichts ab. Ja, was endlich das Traurigste ist, so wird dieses Unheil, wie manches andere, das uns dieses Jahrhundert zugeführt hat, ebenfalls gegen das Ende desselben ärger. Wenn nämlich das Jahr 1796 vorbei ist (das letzte Schaltjahr in diesem Jahrhundert), so haben wir in acht Jahren keines wieder. Also ein Kind, das den 29. Februar 1796 geboren würde und etwa den 28. Februar 1804 stürbe, wäre acht Jahr alt geworden, ohne einen einzigen wahren Geburtstag erlebt zu haben, den kümmerlichen etwa ausgenommen, an dem es geboren worden ist, der gar nicht in Rechnung kommen darf und kann und in dem wahren Gratulantensinn des Worts kein eigentlicher Geburtstag ist. – Doch nun nicht eine

Silbe weiter in diesem Ton, der, wie wir selbst fühlen, schon zu lange gehalten worden ist. Wir würden dieses lächerliche Thema gar nicht berührt haben, wenn nicht die Frage: wann soll ein am 29. Febr. Geborner seinen Geburtstag feiern, in einem berühmten Journal ziemlich ernstlich aufgeworfen und – unbeantwortet geblieben wäre. Hier ist die Antwort und der Trost:

Der Mensch wird zwar an einem gewissen *Tage*, an einem gewissen Datum geboren, allein sein Eintritt in die Welt, sein erster Atemzug ist das Werk eines Augenblicks. In diesem Punkt von Zeit steht die Sonne in einem gewissen Punkt der Ekliptik. Er wird also genau ein Jahr alt sein, wenn die Sonne das nächste Mal wieder in demselben Punkt der Ekliptik steht, und der bürgerliche Tag, in welchen jener Zeitpunkt fällt, ist der Geburtstag des Menschen im eigentlichen Verstande, er heiße nun übrigens im Kalender, wie er wolle. Dieses ist, dünkt mich, sehr klar. Das Problem: wann soll ich meinen Geburtstag feiern, wenn ich am 29. Februar geboren bin, wird also auf folgende Weise vollkommen aufgelöst werden und, im Rezept- und Problemlösungsstil abgefaßt, etwa so lauten: 1) Laß dir die Sekunde, Minute oder die Stunde deiner Geburt sagen, oder nimm den Tag aus dem Kirchenbuch. Weil du aber doch nicht den ganzen Tag über geboren worden bist, so mußt du im letzten Fall etwas Bestimmtes annehmen, z. B. die Mitte des Tages, also mittags um zwölf. 2) Suche in einem astronomischen Kalender für das Jahr deiner Geburt den Ort der Sonne (ihre Länge) für diesen Zeitpunkt. Kannst du ihn selbst berechnen, so ist es desto besser, alsdann würdest du aber eine so einfältige Frage vermutlich gar nicht tun. 3) Suche ebenfalls im Kalender von dem Jahre, da du deinen Geburtstag feiern willst, den Tag, da die Sonne genau dieselbe Länge hat, dieser Tag ist dein Geburtstag, er heiße nun wie er wolle. Wenn du so verfährst, so wirst du etwas bemerken, das dich frappieren wird, vorausgesetzt, daß du von der Sache, wovon hier die Rede ist, gar nichts verstehst, nämlich, daß du, wenn du auch an jedem andern Tage, z. B. den 1. Mai, geboren wärest, du dennoch deinen Geburtstag unter gewissen Umständen zuweilen den 30. April, zuweilen den 2ten Mai feiern müßtest, und daß selbst die Geburtstage der höchsten Potentaten öfters ganz falsch gefeiert werden, und folglich der am 29sten Februar Geborene nicht gerade immer der einzige ist, der seinen Geburtstag an einem andern Monatstage feiern muß als dem, den ihm die gewöhnliche Methode anweist. Dieses gründet sich auf dem Umstand, daß das Jahr nicht numero rotundo aus 365 Tagen, sondern ungefähr aus 365 Tagen und 6 Stunden besteht, wir aber bei unseren bürgerlichen Geschäften uns unmöglich mit solchen Brüchen von Tagen abgeben können. Daher geht es denn auch wirklich dem Jahr selbst nicht besser als uns und den hohen Potentaten. Seine Geburtsstunde wenigstens wird dreimal unter vieren falsch gefeiert. Man freut sich oft über den Tod des alten Jahres mit Jubel, wenn es wirklich noch 18 Stunden schmachtet, und gratuliert dem neuen 18 Stunden vorher, ehe es geboren wird u.s.w. Folgende Tabelle wird völlig hinreichen, den zu leiten, der, am 29sten Februar geboren, an seinem Geburtstage gern so schmausen wollte, daß von seiten des Kalenders nichts *dagegen* eingewendet werden kann.

Wer am 29. Februar morgens um 12 Uhr geboren ist, feiert seinen Geburtstag oder eigentlich Geburtsstunde

das nächste Jahr den 28. Febr. morgens um 6,
das 2te Jahr den 28. Febr. mittags um 12,
das 3te Jahr den 28. Febr. abends um 6,
das 4te Jahr den 29. Febr. um 12 des Morgens.

Am 29. Febr. um 6 des Morgens geboren:

das 1ste Jahr den 28. Febr. um 12 des Mittags,
das 2te Jahr den 28. Febr. um 6 des Abends,
das 3te Jahr den 28. Febr. um 12 des Nachts oder am ersten März,
das 4te Jahr den 29. Febr. um 6 des Morgens.

Am 29. Febr. um 12 mittags geboren:

das 1ste Jahr den 28. Febr. um 6 des Abends,
das 2te Jahr den 28. Febr. um 12 des Nachts oder am ersten März,
das 3te Jahr den ersten März um 6 Uhr des Morgens,
das 4te Jahr den 29sten Febr. um 12 des Mittags.

Am 29. Febr. abends um 6 geboren:

das 1ste Jahr den 28. Febr. nachts um 12 oder am ersten März,
das 2te Jahr den 1. März um 6 des Morgens,
das 3te Jahr den 1. März um 12 mittags,
das 4te Jahr den 29. Febr. um 6 des Abends.

Man sieht hieraus, daß man seine Geburtsstunde, wodurch der Geburtstag bestimmt wird, jedes Jahr um 6 Stunden später feiern muß, so lange bis das Schaltjahr die Sache wieder ins Gleichgewicht bringt. Nun noch ein paar Worte für das Jahr 1800, das kein Schaltjahr sein wird. Ein Kind, das z. B. den 29. Febr. 1796 nachts um 11 Uhr geboren würde, muß nach dieser Regel im Jahr 1803 seine Geburtsstunde sogar den 2ten März abends um 5 Uhr feiern. Warum das Jahr 1800, auch das 1900, kein Schaltjahr sein wird, sondern erst das 2000 wieder, vorausgesetzt, daß sonst alles beim alten bleibt, wollen wir im Kalender für das Jahr 1800 erklären. Man wird aber sehr viel besser tun, es bis dahin selbst zu lernen.

Nun das Resultat ist kurz: Will man seinen Geburtstag

oder vielmehr die Stunde nur jedesmal alsdann feiern, wenn *Datum* und *Tageszeit* zugleich eintreffen, so kann sie jeder Mensch überhaupt nur alle vier Jahre *einmal* richtig feiern. Der am 29sten Februar Geborene verfährt also sehr richtig, wenn er seinen Geburtstag bald den 28. Febr. bald den ersten März feiert. Der Unwissende gaubt, er irre, da er doch nicht irrt. Der an einem andern Tage Geborene, der ihn nach dem Datum feiert, irrt oft wirklich, allein es merkt es niemand. So kommt es also auch hier wie bei tausend andern Vorfällen des Lebens auf Lage und Umstände an. Nachdem diese günstig sind oder ungünstig, kann man bald mit allen seinen Irrtümern für weise und bald mit aller seiner Weisheit für ein gar irriges Schaf gehalten werden.

Anhang

Belege der Aphorismen in der nach Lichtenbergs Handschriften herausgegebenen Ausgabe von Albert Leitzmann bzw. in den »Vermischten Schriften« (s. Bibliographie):

»Pfennigswahrheiten«. F 1209. B 290. D 99. E 46. J 1278. KA 13. F 694.

»Eine ganze Milchstraße von Einfällen«. J 327. B 238. B 74. D 328. E 283. E 62. F 110. E 286. E 45. F 423. J 718. Schr. II, 84, E 412. F 172. F 989. D 366. E 128. E 213. Schr. I, 284. F 53. L 67. J 397. L 29. D 123. C 270. RA 21.

Lob des Weines. B 342. D 102. Schr. I, 198. Schr. I, 287. B 70.

Die Töchter Evas. B 24. B 212. D 301. L 73. L 407. L 324. J 1036. Schr. I, 10. Schr. II, 73. F 164. F 775. L 308.

Selbstkritik. B 77. J 639. B 128. E 281. Schr. I, 166. L 679. F 1210. B 123. Schr. I, 31. B 139. A 35. B 259. Schr. I, 19. Schr. I, 22. Schr. I, 31. J. 540. J 935. F 446. F 474. J 618. A 123. Schr. I, 14. J 595. Schr. I, 25. F 759. L 480. Schr. I, 19.

Aberglauben und Träume. A 101. J 694. Schr. I, 39. C 178. A 58. F 1219. J 60. F 679. A 116. F 1150. J 156. F 1171. F 915. L 703.

Selbstmord und Tod. F 349. A 117. J 1161. B 205. L 125. F 322. Schr. I, 32.

Vernunft und Empfindung. J 1252. J 1324. D 131. KA 17. D 119. J 1236. L 469. J 1280. J 1325. E 463. F 438. A 29. J 231. J 948. L 404. E 420. L 724. J 66. C 123.

Religion. J 833. J 112. Schr. I, 81. A 59. Schr. I, 90. J 13. Schr. I, 76. C 221. J 256. J 245.

Philosophie. D 272. J 1346. A 19. A 128. E 456. L 193. A 36. A 127. K 18. A 102. J 1143. J 998 (gekürzt). Schr. I, 83. L 714. Schr. I, 97. Schr. I, 101. J 23. J 876.

Naturwissenschaften. D 172. C 141. C 181. J 90. A 17. C 301.

Erziehung. J 21. L 99. F 972. F 133. Schr. I, 221. J 28. Schr. I, 218. Schr. I, 224. F 531. J 61. F 1030. L 76.

Lavaters Physiognomik. B 67. F 9. F 952. F 808. Schr. I, 208. B 67. F 526. E 485. F 1050. D 143. D 182. F 706.

Literatur- und Sprachkritik. L 454. B 267. F 1152. J 536. J 496. J 988. J 207. J 14. B 91. B 305. D 80. A 91. J 346. L 288. K 15. B 360. D 137. F 409. B 25. D 106. Schr. II, 73. C 59. E 304. E 240. E 258. E 80. E 262. F 4. F 63. F 8. E 437. F 494. F 350. F 387. F 156. F 97. F 752. E 194. F 335. A 109. A 89. D 359. E 271. D 511 (gekürzt). E 28 (gekürzt).

Die Deutschen. C 65. J 930. J 1170. Schr. II, 120. E 68. E 313. E 37. C 51. RA 20. RA 4.

Zur Zeitgeschichte. Schr. I, 240. Schr. I, 253. Schr. I, 243. L 372. L 259. L 400. Schr. I, 246. Schr. I, 225. F 51. Schr. I, 245. K 16. Schr. I, 243. J 1178. J 912. L 437.

Anmerkungen zu den Aphorismen

Seite

7 *Leidger:* Holländisch für Hauptbuch.
at double entrance: Mit doppelter Buchführung.

9 *Originalköpfe:* Gemeint sind die Dichter des Sturm und Drang.

18 *Lion:* Unter diesem Namen spricht Lichtenberg gelegentlich von sich selbst.

21 *Lacaille,* Louis de (1713–1762), französischer Astronom.

21 *focus:* Herd.

23 *Deluc,* Jean André (1727–1817), ein Schweizer Geologe, Mineraloge und Meteorologe, mit dem Lichtenberg befreundet war.

27 *Bussche,* Ernst August Wilhelm von dem (1727–1789), Geheimer Kammerrat in Hannover.

31 *Ljungberg,* Jens Matthias (1748–1812), Mathematikprofessor in Kiel, dann Finanzrat in Kopenhagen, Lichtenbergs intimster Studienfreund.

33 *»scribendi recte sapere est et principium et fons«:* »Grund und Quelle des rechten Schreibens ist es, die Einsicht zu haben« (Horaz).

38 *Palliativ:* Eine Behandlung, die nur die quälendsten Krankheitserscheinungen beseitigt, ohne die Krankheit selbst zu heilen.

39 *Wolff,* Christian Freiherr von (1679–1754), Professor des Natur- und Völkerrechts in Halle.

40 *Herschel,* Sir Friedrich Wilhelm (1738–1822), Astronom. Er entdeckte 1781 den Uranus.

41 *Semler,* Johann Salomo (1725–1791), berühmter Theologe der Aufklärung.

42 *»Deus ex machina«:* eigentlich: »Der Gott aus der Maschine«. Unerwartete Lösung von Verwicklungen.

65 *Griesbach,* Generalauditeur (der oberste Militärjustizbeamte des preußischen Heeres) in Hannover.

65 *Drurylane:* Londoner Theater, 1663 eröffnet.

65 *Gaßner,* Johann Joseph (1727–1779), katholischer Geistlicher. Erregte großes Aufsehen mit seinen Krankenheilungen durch Teufelsaustreibung. Auf protestantischer Seite verteidigte ihn Lavater.

72 *Johnson,* Samuel (1709–1784), englischer Schriftsteller, Kritiker und Lexikograph, Herausgeber von Shakespeares Werken (1765).

Bibliographische Hinweise

Werkausgaben

Vermischte Schriften. Hrsg. von Ludwig Christian Lichtenberg und Friedrich Kries. 9 Bände. Göttingen 1800–1806. (Die Bände 6 bis 9 enthalten die physikalischen und mathematischen Schriften.)

Vermischte Schriften. Neue, vermehrte, von Lichtenbergs Söhnen hrsg. Originalausgabe. 14 Bände. Göttingen 1844 bis 1853. (Die Bände I und II enthalten eine Auswahl von den verlorenen Heften G und H, in den Belegen zu den Aphorismen zitiert mit Schr. I und II.)

Aphorismen. Nach den Handschriften hrsg. von Albert Leitzmann. Deutsche Literaturdenkmale Nr. 123, 131, 136, 140, 141. Berlin 1902–1908.

Aus Lichtenbergs Nachlaß. Aufsätze, Gedichte, Tagebuchblätter, Briefe. Hrsg. von Albert Leitzmann. Weimar 1899.

Gesammelte Werke. Hrsg. von Wilhelm Grenzmann. 2 Bände. Frankfurt am Main 1949.

Schriften und Briefe. Hrsg. von Wolfgang Promies. 4 Bände und 1 Kommentarband. München 1967f. Bisher sind erschienen: Band 4: Briefe, 1967.
Band 1: Sudelbücher, 1968. Band 2: Sudelbücher II, Materialhefte, Tagebücher; 1971.

Allgemeine Sekundärliteratur

Carl Brinitzer: Lichtenberg. Die Geschichte eines gescheiten Mannes. Tübingen 1956.

Otto Deneke: Lichtenbergs Leben I (1742–1775). München 1944.

Wilhelm Grenzmann: Georg Christoph Lichtenberg. Salzburg und Leipzig 1939.
Franz H. Mautner: Lichtenberg. Geschichte seines Geistes. Berlin 1968.
Wolfgang Promies: Georg Christoph Lichtenberg in Selbstzeugnissen und Bilddokumenten dargestellt. Rowohlts Monographien 90. Reinbek 1964. (Enthält eine ausführliche Bibliographie.)
Paul Requadt: Lichtenberg. Zum Problem der deutschen Aphoristik. Hameln 1948.

Einzeluntersuchungen

Friedrich Lauchert: Georg Christoph Lichtenbergs schriftstellerische Tätigkeit in chronologischer Übersicht dargestellt. Mit Nachträgen zu Lichtenbergs Vermischten Schriften und textkritischen Berichtigungen. Göttingen 1893.
Albert Leitzmann: Zu Lichtenbergs Briefen. In: Euphorion XV, 1908.
Franz H. Mautner: Der Aphorismus als literarische Gattung. In: Zeitschrift für Ästhetik und allgem. Kunstwissenschaft. Stuttgart 1933.
– Lichtenbergs Kommentare zu Hogarths Kupferstichen. Über Lichtenbergs Stil. In: Stil- und Formprobleme in der deutschen Literatur. Heidelberg 1959.
Wolfgang Preisendanz: Lichtenberg. Forschungsbericht. In: Germ. Rom. Monatsschrift 37, NF 6, 1956.
Georg Rippmann: Werk und Fragment. Georg Christoph Lichtenberg als Schriftsteller. In: Basler Studien. 13. Bern 1953.
Wolfgang Rödel: Forster und Lichtenberg. Ein Beitrag zum Problem deutscher Intelligenz und Französischer Revolution. Germanistische Studien. Berlin 1960.

Herbert Schöffler: Lichtenberg. Studien zu seinem Wesen und Geist. Hrsg. von Götz von Selle. Göttingen 1956.
Reinhard Trachsler: Lichtenbergs Aphorismen. Ursprünge und Größe wirklicher Freiheit. Diss. Zürich 1953. Zürich 1956.

Anmerkungen zu den Aufsätzen

Timorus

Der »Timorus«, die erste der großen Streitschriften Lichtenbergs, erschien 1773 in Königsberg durch Vermittlung Boies und Nicolais. (Vgl. Lichtenbergs Briefe, Grenzmann Band I, Seite 600 f., 606 ff., 615 und 636 ff., in denen er zunächst seine Autorschaft leugnete.)
Mit diesem Pamphlet griff Lichtenberg in die Diskussion um Lavaters Bekehrungsversuch an dem jüdischen Philosophen Moses Mendelssohn ein, wobei er im ironischen Stil der Dunkelmännerbriefe vorgab, Lavater zu verteidigen. Einen weiteren Anlaß lieferte ihm der Übertritt von zwei übel beleumundeten Juden zum christlichen Glauben. Lichtenberg verknüpfte die beiden Ereignisse und argumentierte, man könnte ebensogut durch Mettwürste wie durch Lavaters Beweisgründe zum Christentum bekehrt werden, wobei die Mettwürste die materiellen Vorteile im Falle der beiden Juden verdeutlichen sollten. Hinter dieser Satire steht jedoch der Gedanke der religiösen Toleranz, wie ihn dann auch Lessing in seiner Ringparabel im »Nathan« vertrat. Der »Timorus« fand allgemein großen Beifall, nur Claudius' Wandsbeker Bote und die jungen Genies um die »Frankfurter Gelehrten Anzeigen« reagierten mit scharfer Ablehnung, was Lichtenberg wiederum zu heftiger Polemik veranlaßte.

Seite

75 *Timorus:* Der Rächer, aber auch der Helfer, Beschützer.

75 *Photorin:* Von griechisch τὸ φῶς das Licht und τὸ ὄρος der Berg. Hinter diesem Pseudonym verbirgt sich der Name Lichtenberg.

76 *»rigoris gallici in demonstrando«:* »mit französischer Strenge in der Beweisführung«.

76 *Vauxhall:* Englisches Dorf. Bis etwa 1830 berühmte Vergnügungsstätte der eleganten Welt.

78 *Pallisaden:* Verschanzung, Bollwerk.

78 *Kartätschen:* Hagelgeschoß.

82 *Barclajus:* Gemeint ist John Barclay, ein neulateinischer Satiriker schottischer Abstammung (1582–1621). Sein Hauptwerk, der politisch-allegorische Roman »Argenis« (1621) wurde in die meisten europäischen Sprachen übersetzt.

82 *»Nunc fortuna instituit, ut in multis gentibus prope sit egregii animi indicium arceri a regiis, aut in illis jacere«:* »Nun hat es das Schicksal so eingerichtet, daß es bei vielen Völkern beinahe als Zeichen eines ausgezeichneten Geistes gilt, von Königspalästen ferngehalten zu werden oder in ihnen unbeachtet zu sein.«

88 *Beccaria,* Cesare Marchese de (1735–1797), Professor des Staatsrechts in Mailand.

90 *Febricitanten:* einen Fiebernden.

92 *fouragieren:* wegschaffen.

93 *Michaelis,* Johann David (1717–1791), evangelischer Theologe und Orientalist. Er begründete die historisch-kritische Betrachtungsweise der alttestamentlichen Wissenschaft seiner Zeit. Auf Anregung Lessings übersetzte er das Alte und Neue Testament.

93 *Kennicot,* Benjamin (1718–1783), englischer Theologe, alttestamentlicher Textkritiker.

93 *Schultens,* Albert (1686–1750), niederländischer Hebraist und Arabist. Er begründete die Erforschung der hebräischen Sprache mit Hilfe des Arabischen.

94 *Chiromantie:* Wahrsagen aus den Händen.

96 *Drurylane:* Traditionsreiches Londoner Theater, 1663 eröffnet.

98 *Reimari:* Gemeint ist Hermann Samuel Reimarus (1694 bis 1768), Theologe und Philosoph der Aufklärung, rationalistischer Bibelkritiker.

98 *»omne simile claudicat, ... similia illustrant, non probant«:* »Jedes Gleichnis hinkt. Gleichnisse beleuchten, aber sie beweisen nicht.«

98 *Scandalum ecclesiae:* Kirchliches Ärgernis.

98 »νῦν ἐν γεέννᾳ τοῦ πυρὸς«: »Nun in der Hölle des Feuers.«

98 *Syllogismus:* Vernunftschluß.

99 *»mut. mut.«:* »Mutatis mutandis«. Mit den nötigen Abänderungen.

99 *Unzer,* Johann August (1727–1799), Arzt und Schriftsteller, Herausgeber der medizinischen Wochenschrift »Der Arzt«.

101 *»Commercio animae et corporis«:* »Vom Umgang mit der Seele und dem Körper.«

101 *Lamettrie,* Julien Offray de (1709–1751), französischer Philosoph der Aufklärung und Arzt. In seinem Hauptwerk »L'homme machine« (1748) stellte er eine materialistische Theorie von der Organisation des Menschen durch einen Vergleich mit den mechanistischen Grundsätzen einer Maschine auf. Er lehnte metaphysische Ideen ab und stellte die genußreiche Empfindung als erstrebenswertes Ziel dar.

102 *Präbendarius:* Inhaber einer Pfründe.

102 *Sterne,* Lawrence (1713–1768), englischer Dichter der Empfindsamkeit, Verfasser der Romane: »The life and opinions of Tristram Shandy« und »A sentimental journey through France and Italy.«

103 *Thales* von Milet, der erste griechische Philosoph, um 600 v. Chr., nahm als Urstoff das Wasser an.

103 *Bianchini,* Franz (1662–1729, Theologe und Mathematiker.

104 *»Buridans Esel«:* Johannes Buridan war ein französischer Scholastiker im 14. Jahrhundert. Der ihm zugeschriebene »Esel des Buridan«, der zwischen zwei gleich großen Heuhaufen steht und verhungert, weil er sich nicht entscheiden kann, ist wahrscheinlich ein Spott seiner Gegner auf seine Willenslehre.

104 *Whitfield,* George (1714–1770), methodistischer Prediger.

105 *Butlero:* Gemeint ist Samuel Butler, ein englischer Satiriker (1612–1680). In seinem Hauptwerk, dem komischen Heldengedicht »Hudibras« verspottet er das Puritanertum.

106 *Proselyt:* Neubekehrter.

107 *Lavater,* Johann Kaspar (1741–1801), religiöser Schriftsteller der Empfindsamkeit, Verfasser der von Lichtenberg wiederholt angegriffenen »Physiognomischen Fragmente«.

108 *Mendelssohn,* Moses (1729–1786), jüdischer Philosoph der Aufklärung, Übersetzer des Alten Testaments.

Gnädigstes Sendschreiben der Erde an den Mond

Erstmals veröffentlicht im Göttingischen Magazin (1. Jahrgang, 1780, 6. Stück). In dieser die höfischen Sendschreiben parodierenden Satire spielt Lichtenberg auf die mondbegeisterten Dichter des Göttinger Hainbundes und die eigenwillige Orthographie des Homerübersetzers Johann Heinrich Voß an. Außerdem verteidigt er selbstironisch sein »Göttingisches Magazin«, das am Publikumsgeschmack der Zeit zu scheitern drohte.

Seite

112 *Yameos:* In Jonathan Swifts »Gullivers Reisen« verächtliche Bezeichnung für die Menschen.

113 *Monitorium:* Mahnschreiben.

113 *Epakten:* Die »Hinzugefügten« (Tage), d. h. die Zahl der Tage vom letzten Neumond des alten Jahres bis zum 1. Januar des neuen. Sie zeigen an, wie alt der Mond am 1. Januar ist.

114 *»Und hätten meine lieben Protestanten ...«* Auf dem Reichstag von 1582 nahmen die katholischen Reichsstände den Gregorianischen Kalender an, die protestantischen wiesen ihn zurück. Diese Differenz wurde durch die Einführung eines verbesserten Gregorianischen

Kalenders im Jahre 1700 aufgehoben. Nur bei der Bestimmung des Osterfestes wichen die Protestanten noch von der gregorianischen Berechnung ab, bis 1770 durch Annahme des Reichskalenders auch dieser Unterschied beseitigt wurde.

115 *Pandekten:* Von griechisch πᾶν δέχομαι alles aufnehmen. Sammlung der Gesetze des römischen Rechts durch Kaiser Justinian.

115 *digesta ... indigestionen:* Ordnung ... Unordnung.

115 *»subtiles Babel«:* »Eine höhere Stufe der babylonischen Sprachverwirrung.«

115 *»summum jus, summa injuria«:* »Das höchste Recht kann das höchste Unrecht sein.«

115 *»Quinquennis physiognomicis«:* »Vor dem physiognomischen Jahrfünft«.

116 *»Zur Bezeichnung des unedeln Antimonii«:* Antimonium ist ein Element vorwiegend metallischen Charakters, das vor allem in Bleierzen enthalten ist.

116 *Phöbus:* Der griechische Sonnengott Apoll.

117 *Jäsus:* Ironischer Seitenhieb auf Voß, der das griechische η auch im Deutschen als ä ausgesprochen haben wollte.

117 *Phébus:* Französische Form für Apoll, auch in der Bedeutung von Schwulst.

117 *Prosopopöien:* In der Rhetorik die erdichtete Rede einer abwesenden Person oder einer zur Person gemachten abwesenden Sache.

120 *Liscow,* Christian Ludwig (1701–1760), Satiriker.

Über die Macht der Liebe

Dieses 1777 entstandene Fragment ist das Teilstück einer größeren geplanten Streitschrift gegen den Sturm und Drang und die Empfindsamkeit. Lichtenberg polemisiert darin vor allem gegen die vielen Zeitgenossen, die sich im Anschluß an die Lektüre von Goethes »Werther« mit Selbstmordabsichten trugen. Seine hier vorgetragenen Ansichten über die Liebe stehen allerdings in einem deutlich ironischen Widerspruch zu dem etwa in dieselbe Zeit fallenden Beginn seiner Leidenschaft für das »Blumenmädchen« Maria-Dorothea Stechard.

Seite
125 *Meiners,* Christoph (1747–1810), Professor der Philosophie in Göttingen, Gegner Kants.
128 *Plutarch:* Griechischer Dichter (46–127).
128 *Siegwart:* Sentimentaler Roman von Johann Martin Miller (1776), einem Dichter des Göttinger Hainbundes.
128 *Euler,* Leonhard (1707–1783), Mathematiker, Physiker und Astronom.
128 *Haller,* Albrecht von (1708–1777), Dichter, Naturforscher und Arzt, Gründer der Göttinger Gelehrten Gesellschaft.
128 *G . . .* Gemeint ist Goethe mit seinem »Werther«.
129 *Pasquill:* Schmähung.
129 *»nach Celle«:* Zu den »Wahnsinnigen« des Sturm und Drang. (vgl. »Die Bittschrift der Wahnsinnigen«, ebenfalls ein Teilstück der Literatursatire gegen den Sturm und Drang. Grenzmann Band II, S. 552–559.)

Beiträge zu Rabeners Wörterbuche

Der satirische Schriftsteller Gottlieb Wilhelm Rabener (1714 bis 1771) hatte 1746 in den »Bremer Neuen Beiträgen zum Vergnügen des Verstandes und Witzes« den »Versuch eines deutschen Wörterbuches« veröffentlicht und zur Behandlung weiterer Wörter eingeladen. Dabei hatte er mit der Analyse verschiedener Begriffe wie Kompliment, gelehrt, Pflicht, Verstand u.a. ironisch auf die gesellschaftlichen Zustände der Zeit Bezug genommen. Lichtenberg griff diese Anregung auf und schrieb (etwa zwischen 1771 und 1774) einen Beitrag, der jedoch nicht veröffentlicht wurde.

Seite
131 *Medisance:* Üble Nachrede.

131 *Decoct von Ipecacuanha:* Abkochung von der Wurzel einer brasilianischen Pflanze, die Brechreiz erregen soll. (z. B. zur Behandlung von tropischen Krankheiten.)

132 *Grécourt,* Jean Baptiste Joseph Villaret de (1684–1743), französischer Dichter, Verfasser leicht tändelnder, z. T. anstößiger Verse und Erzählungen.

132 *Corduanbande:* Bucheinband aus Ziegenleder.

133 *advocatum absentium:* Anwalt für die Abwesenden.

135 *Novaja Zembla:* Doppelinsel im Nördlichen Eismeer.

135 *Heliogabel:* Römischer Kaiser (218–222 n. Chr.), eigentlich Varius Avitus. Er führte in Rom den wüsten Kult des syrischen Sonnengottes Heliogabal ein.

135 *Ibrahim der Großtürk:* Der 19. Sultan der Osmanen (1640–1648).

135 *Persico:* Pfirsichkernschnaps.

136 *Methusalah:* Gemeint ist der Urvater der Menschheit, Methusalem, der das höchste Lebensalter erreichte.

136 *Vigueur:* Energie.

136 *Seraglio:* Palaststadt von Konstantinopel.

136 *Farren:* Stier.

137 *jus publicum:* Das Öffentliche Recht.

Trostgründe für die Unglücklichen, die am 29sten Februar geboren sind

Dieser unterhaltsame Beitrag wurde erstmals im Göttingischen Taschenkalender von 1793 veröffentlicht.

Seite

139 *Calendae graecae:* Bedeutete bei den Römern soviel wie »Nimmermehrstag«, da die Griechen keine Calendae hatten. Calendae hieß bei ihnen der Erste jedes Monats, weil dieser Tag öffentlich ausgerufen wurde. (lat. calare, rufen.)

139 *D. Johnson:* Gemeint ist wohl der englische Schriftsteller Samuel Johnson (1709–1784), der Herausgeber von Shakespeares Werken.

140 *Ekliptik:* Die scheinbare Bahn, die die Sonne im Laufe eines Jahres am Himmel beschreibt. Größter Kreis der Himmelskugel.

Goldmann Taschenbücher sind mit über 3200 Titeln (Frühjahr 1972) die größte deutsche Taschenbuchreihe. Jeden Monat etwa 25 Neuerscheinungen. Gesamtauflage über 125 Millionen.

Aus dem WILHELM GOLDMANN VERLAG
8 München 80, Postfach 80 07 09 bestelle ich
durch die Buchhandlung

Anzahl	Titel bzw. Band-Nr.	Preis

Datum: Unterschrift:

4020 · 7024 · 3.000

Bitte mit Postkarten-Porto frankieren.

Wilhelm Goldmann Verlag

8000 MÜNCHEN 80

Postfach 80 07 09